느린 비즈니스로
Slow business

돌아가라

느린 비즈니스로 돌아가라

Slow business

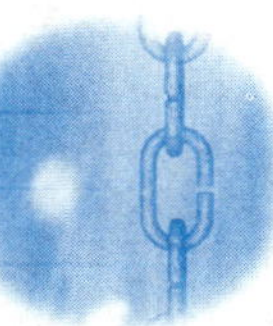

사카모토 게이이치 지음 / 정성호 옮김

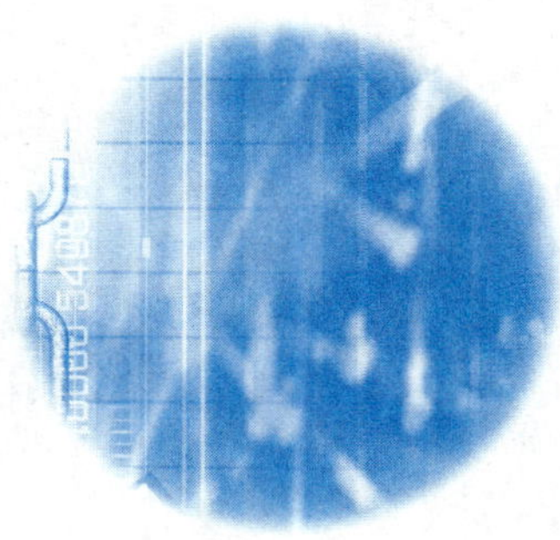

가림출판사

책·머·리·에

4월, 신록의 맨해튼은 아름답다. 뉴욕의 매력은 세계 제일의 대도 시인데도 불구하고 무기질이 아니라 오히려 반대로 자연이 자연 그 대로 손도 안 댄 채 맨얼굴을 보여주는 데 있다. 맨해튼에 살고부터 산책의 즐거움을 처음으로 알게 되었다. 13번가를 7번가에서 6번가 로 향해 걷는다. 이 13번가 부근에서 가장 아름다운 산책로인 것 같 다. 하얀 배꽃이 양쪽에서 에워싸 온다.

어제, 4월 15일자로 19년간 근무해 온 〈아사히 가세이〉를 그만두 었다. 오늘, 2000년 4월 16일은 나의 독립기념일이다. 맨해튼에서 그 날을 맞이하리라고는 1년 전에는 생각도 하지 못했다. 아니, 1년 전 은커녕 반 년 전까지도 꿈에도 생각지 않았다. 배꽃들이 나의 독립 을 축하해 주는 것만 같은 느낌이 들었다.

내 직업은 '마케팅 컨설턴트' 로서 미국에서 〈팜트리〉라는 회사를 설립했다. 마케팅은 미국산이다. 그 본고장 미국에 뛰어들어 마케팅 으로 밥을 먹으려고 한다. 나는 새삼스럽게 내 자신이 갱신되는 듯 한 상쾌함을 느꼈다.

내가 살기 시작한 첼시는 실리콘 밸리까지 걸어서 갈 수 있다. 닷 컴들의 최신 사정도 상세하게 알 수 있을 것이다. 힘이 넘쳐 흘렀다.

그러나 그로부터 불과 6개월이 지났는데, 나는 닷컴에 "뭔가 좀 잘 못된 게 아닌가." 하는 위화감을 느끼고, 미국의 마케팅에 대해서조차 "정말 안 되겠군!" 하고 체념하게 되었다.

이 책을 쓴 목적은 소비자의 관점에서 미국의 제품이나 서비스를 파악하고 그 문제점을 지적하여 "왜 이렇게 형편없는 지경이 되었는가" 하는 이유를 도가 지나친 마케팅에서 찾아내는 데 있다. 소비자의 관점이나 감각이 항상 나의 마케팅의 출발점이고 동시에 근간이다.

2001년 봄, 일본에서 개최된 비즈니스 세미나에 강사로 출강하여 미국에서 생활하면서 본 제품이나 서비스의 질이 형편없다는 것을 이야기하자, "미국인은 OK 라인이 낮은 것 아닌가?" 하고, 일본인과 미국인의 '허용도' 차이를 지적하는 사람이 많았다. 나도 그런 면이 있을 것이라고 생각했다. 일본의 "가려운 데에 손이 닿는 섬세하고 빈틈없는 서비스에 익숙해져 있기 때문에 그런 생각이 들고 속이 울컥울컥 치미는 것이 아닐까 하고 생각했다. 그런데 미국의 첨단 비즈니스 잡지 『Fast Company』 4월호는 표지에 "배반당했다!!"고 대서특필하고, 본문 특집 기사로 "고객 서비스가 가장 중요한 과제라는 것은 새빨간 거짓말이다!! 어느 기업이 진지하게 대처하고 있는가? 이 불만투성이 고객들을 보라."고 개탄하고 있다. 그렇다. 미국인도 반드시 만족하고 있는 것 같지는 않다.

나는 이제까지, 『퍼미션 마케팅』, 『브랜드 마인드 세트』, 『스몰 비즈니스 매니지먼트』,『인비저블 마케팅』 등의 번역서를 통해서 미국의 최신 마케팅 이론을 일본에 소개하는 일도 해왔다. 원래 마케팅은 그 자체가 미국산이어서 직업으로서 신세를 지고 있음에도 불구하고, 나는 이 책에서 미국식 마케팅을 비판하고 검증하면서 일본의 독자적 마케팅 이론을 구축할 것을 강력히 주장했다.

물론 비판하고 제안할 뿐만 아니라 내 나름대로 처방전도 제시했다. 그 비전이 이 책의 컨셉트인 '슬로 비즈니스' 이다. 이것은 미국식 스피드 경영에 반대를 이루는 컨셉트라고 생각해주기 바란다. 천천히, 땅에 발을 붙이고 제품이나 서비스를 만들어 육성해가는 의미를 포함하고 있다. "도그이어(dogear : 책장의 한쪽이 개의 귀처럼 접힌 것)"라고들 하고, 무엇인가에 씌워서 스피드가 우선시되는 비즈니스계에 감히 찬물을 끼얹어 보았다. 이 책을 읽어 나가다 보면, 독자도 반드시 납득해줄 것이라고 믿는다.

자아, 시작해보자.

감·사·의·말

이 책은 많은 사람들의 도움을 받아서 완성되었다. 순서 없이, 그리고 경칭을 생략하고 도움을 주신 여러분에게 감사의 뜻을 전하고 싶다.

1. 오사카 산업 창조관, '백보이를 최고 속력으로 달리게 하라' 세미나 제1기생과 사무국의 여러분

 • 제1기생 : 오카기타 마리, 하야시 가츠야, 히사다 도모유키, 요시다 겐, 시미즈 가츠도시, 다야 아야코, 우에다 다카요시, 시바타 마사아키다, 히시다 사토루, 이와기 다츠오, 곤도 마키코, 모리 다이스케, 야마나카 신이치, 쓰지 데루야, 데라다니 노부유키, 모리 아카히코, 이가와 교코, 후나야마 히로시, 도요다 쇼고, 사노 데츠, 다카하시 나오키, 오다케 가오리, 기타가와 산시로, 다나카 겐지, 마츠오카 미나코, 요시가와 다츠야, 가나타니 하루오, 나카무라 히토미, 다카자와 유지, 모리모토 기미코, 나카가와 기몬, 사시키 게츠조.

 • 사무국 : 하세가와 신, 핫토리 기미코.

창업의 용기와 땀, 때로는 파괴와 창조의 이야기를 가르쳐 주어서 고맙게 생각한다.

2. 크게 계발 받은 대선배들

노무라 료타로, 도키와 후미가츠, 니시오카 쇼이치, 가와이 하야오, 다미야 슌사쿠, 미키모토 고기치, 시로다 미노루, 마스다 고조.

대선배 여러분의 업적을 거슬러 올라감으로써 얼마나 용기를 얻고 힌트를 많이 얻었는지 모른다.

3. 고객 여러분
여러분의 토론 덕분에 내용에 실천적인 색채를 가미할 수 있었다.

4. 세미나 주최자와 참가자 여러분
이 책은 2001년 봄의 「세미나 재팬 투어」의 세미나 내용을 바탕으로 한 것이다. 한 사람씩 이름을 들 수는 없지만, 여러분의 피드백이 내용을 연마하는 데 큰 도움이 되었다.

5. 편집자
구라소노 게이조, 니시키도 요코.
두 사람 덕분에 책의 모양을 갖출 수가 있었다.

대단히 감사합니다!

사카모토 게이이치 드림

옮·긴·이·의·말

　이 책은 일본의 유명한 마케팅 컨설턴트이며 〈팜트리〉의 CEO인 사카모토 게이이치의 신간을 완역한 것이다.

　이 책의 목적은 고객의 관점에서 미국의 제품과 서비스를 파악하고 문제점을 지적하면서 미국식 스피드 경영을 비판하면서 동시에 그 대안을 제시하는 데 있다. 한편, 미국식 마케팅을 모방하고 있는 사업가, 기업가, 비즈니스맨들에게 독자적인 마케팅 이론을 구축할 것을 강력히 주장하고 있다. 또한 마케팅에 성공한 상품뿐만 아니라 실패한 상품까지 구체적으로 제시하여 대기업이나 중소기업의 경영자뿐만 아니라, 조그맣게 식당이나 옷가게·문구점을 운영하는 사람에게까지 실제적인 도움을 주고 있다.

　이제는 물건을 어떻게 팔 것인가보다는 무엇을 팔 것인가를 차분히 생각해보아야 할 시점이다. 그리고 무조건 "빨리, 빨리"만 외쳐댈 것이 아니라, 느리더라도 땅에 발을 붙이고 제품이나 서비스를 육성해 나가야 성공할 수 있다는 저자의 주장을 되새겨보아야 한다.

　어쨌든, 사업이나 장사를 해서 큰돈을 벌고 싶은 모든 사람들에게 여러 가지 힌트와 새로운 발상을 제시해줄 것으로 믿어 의심치 않는다.

　이 책에는 최신 사업 정보들이 가득 들어 있으므로 한 번 읽고 던져 버릴 것이 아니라, 손 닿는 곳에 두고서 참고서로 활용하기를 바란다.

2002년 2월 20일 신월동에서　　정 성 호

C·O·N·T·E·N·T·S

C·O·N·T·E·N·T·S

제2장　일본 기업에 대한 처방전

C·O·N·T·E·N·T·S

C·O·N·T·E·N·T·S

C·O·N·T·E·N·T·S

business slow bu

C·O·N·T·E·N·T·S

미국의 비즈니스를 덮친

세 가지 증후군

1

    내 진단을 간단히 말하면 미국은 현재 세 가지 증후군에 의해 잠식
당하고 있다.

    첫째, "비즈니스의 본질을 망각한 증후군"
    둘째, "파티는 끝났다 증후군"
    셋째, "무엇이든지 인터넷 증후군"

비즈니스의 본질을 망각한 증후군

　작은 규모의 비즈니스이든 큰 규모의 비즈니스이든 간에 모든 비즈니스는 '내용', '배달방법', '고객과의 관계성' 이라는 장사의 3요소를 균형 있게 조립해 나가야 한다. 이것을 나는 성공의 트라이포드(tripod)라고 부른다.

　그런데 미국의 비즈니스는 어떠한가? 뉴욕에서 생활하고 있는 내 체험에 의하면 미국의 비즈니스는 상품 생산은 뒷전이고, 서비스의 질 또한 떨어져 보인다. 균형이 있기는커녕 어느 것 하나 만족스러운 것이 없는 참담한 상태이다. 이것은 내 체험에서 나온 결론이기는 하지만 비즈니스 잡지, 『Fast Company』의 특집 기사에서도 같은 지적을 하고 있다. 다음은 이 잡지의 기사에서 인용한 것이다.

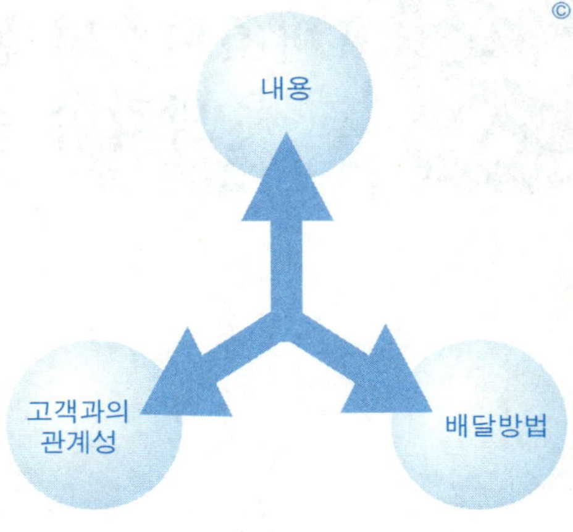

【성공의 트라이포드 → 장사의 3요소】

신경제론에서는 IT에 의해서 기업은 보다 낮은 비용으로 손쉽고 빠르게 고객만족도를 향상시킬 수 있을 것이라고 했다. 그러나 현실은 다르다. 예를 들어 디스카운트 증권회사 〈찰스 슈와브〉에서는 5년 전에 고객과의 상담 업무를 담당하는 직원 1450명을 콜 센터에 배치하였다. 5년이 지난 지금 인터넷의 활용에 의해서 이 인원들은 직장을 잃게 되었을까? 그렇다고도 할 수 있고, 그렇지 않다고도 할 수 있다. 확실히 2001년 현재, 고객은 문의의 81%에 대하여 인간을 개재시키는 일 없이 고객 서비스를 받고 있다. 그러나 〈찰스 슈와브〉사의 콜 센터의 인원은 5년 전보다 3배나 되는 4800명으로 늘어났다.

– 『Fast Company』, 2001년 4월호.

또한 미국인이 인식하는 고객 만족도를 측정한 ACSI(고객 만족도수)[1]도 최근 5년 동안에 73.7에서 72.9로 0.8포인트 떨어졌다. 이것은 〈월풀〉 가전제품의 사용 소감서부터 〈아마존〉의 온라인 쇼핑 체험까지 포함된 것이다.

패트리시아 씨보르트는 『인터넷 비즈니스 전략 입문 *Customers.com*』이라는 e 비즈니스의 고객 만족에 관한 저서에서 이렇게 말하고 있다.

인터넷의 출현으로 고객 서비스가 좋아졌다고는 말할 수 없다. 그 점에 대해서는 동의하며, 오히려 나빠졌다고도 할 수 있다. 하지만 기업은 고객이 화를 내고 있다는 것을 알아채기 시작했다. 이대로 각성하지 못한 채 고객 서비스에 주의를 기울이지 않는 기업은 오래 가지 못할 것이다.

이 기사의 필자, 찰스 피시맨(『Fast Company』지의 편집장)이 말한 바와 같이 '그렇다, 우리들은 오직 바랄 뿐이다(Well, we can only hope.)' 일까?

제대로 된 것이 없다!

구체적인 예를 들면, 다음의 모든 일들은 불과 40일 이내에 내 주변에서 발생한 사건이다.

집에 있는 청소기는 엄청나게 커다란 굉음을 내고 있다. '흡인력 또한 대단하겠구나.' 생각하여 시험삼아 내 팬티에 붙어 있는 실밥을 빨아들이게 했더니 거꾸로 흡입구의 솜털만 팬티에 달라 붙는 결과가 나왔다.

집에 있는 CD플레이어는 CD를 3장 연속해서 틀 수 있다는 것이 광고 문구였으나, 광고 문구대로 3장을 테이블에 얹자 혼란을 일으켜서 움직이지 않게 되었다. 그렇다면 1장을 얹으면 괜찮으냐 하면 그것도 아니다. 이번에는 어떤 테이블에 얹혀 있는지 알 수 없게 되었다.

근처의 공사 현장. 아파트를 건설중인데, 아무리 보아도 신축이라고는 할 수가 없었다. 나는 19년간 건설업계에서 일을 해왔다. 그래서 건설 현장에 관해서는 소상하게 잘 안다. 일본과 비교해보면 이것이 '신축 아파트의 외벽이란 말인가' 하고 의심을 하게 만든다. 새로운 건축 자재가 지닌 무구의 아름다움이라는 것이 전혀 없다. 모르는 사람이 본다면, 이 공사는 개축일 것이라고 생각할 것이다. 현장 작업에는 그 나라의 기술력이 나타난다는 것이 나의 지론이다.

⏩ 리얼[2] 문구점, 〈스테이플스〉의 웹사이트(www.staples.com)에서 책상용 램프를 샀더니 내용물이 없는 빈 상자만 배달되었다. 그 사이트의 잡지 광고 문안은 'Staples. comfortable.'이었다. 즉 'com' 과 'comfortable' 의 머리글자를 합성해서 '(쇼핑의)쾌적함' 을 강조하고 있었던 것이다. 그러나 아무리 기분이 쾌적하더라도 빈 상자가 배달되면 웃고 있을 수만은 없다.

⏩ 리얼 가구점, 〈홀드에브리싱〉의 웹사이트(www.holdeverything.com)에서 서랍을 주문했다. 집에 배달된 것은 끼움목을 고정시키기 위한 쇠장식이 붙어 있지 않았다. 더구나 "클레임이나 문의는 가게에 하지 말라."고 하는 가구점으로부터의 메시지가 붙어 있었다. 구입한 사람으로서는 구입한 가게에 전화 한 통을 걸면 구입 이력도 남아 경우에 따라서는 발생할 수도 있는 환불이나 다른 상품과의 교환 등의 논의도 간단해서 좋을 텐데, 그것을 해서는 안 된다는 것이다. 모르는 곳에 전화를 걸어 이쪽의 주소와 이름을 처음부터 다시 설명하고, 선처를 부탁하지 않으면 안 된다는 것이다.

⏩ 리얼 생활 잡화점, 〈크레이트 & 바렐〉에서 조립식 책꽂

이를 3개 샀다. 거실의 색상을 고려하여 세 개 모두 브라운색으로 고르고 집으로 돌아왔다. 세 개가 모두 정확히 배송되었고 첫 번째 것을 개봉했다. 정확히 브라운색이었다. 기분이 좋아서 조립을 했다. 방 안의 분위기와 딱 어울렸다. 두 번째 것을 개봉하자 이번에도 브라운색이어서 조립을 했다. 두 개를 나란히 놓으니 차분하고 멋있었다. 마지막으로 세 번째 것을 이 두 개와 함께 늘어 놓으면 방이 멋있고 지적인 분위기로 가득 찰 것 같아서 가슴이 두근거렸다. 빨리 조립을 완성시키고 싶어서 마지막 것을 개봉했다. 흰색이었다.

가게에서 내가 확인하고 나서 집에 배달되는 사이에 색이 다른 것이 섞인 것이다.

🔵 온라인 꽃집, 〈1-800-플라워즈 : www.1800flowers.com〉에 꽃을 주문했다. 어떤 사람의 기념일에 배달되게 하고 싶어서 16일 지정으로 주문을 했으나, 확인 메일을 보니 "늦어도 16일에는 배달하겠습니다."로 되어 있었다. 기념일의 꽃이라는 것은 15일도 안 되고 17일도 안 되며, 꼭 16일이어야만 되는 것이다. '늦어도' 라는 것은 본래 있어서는 안 된다. 그래서 메일로 옥신각신하기 시작했는데, "걱정 마십시오. 14일까지는 배달하겠습니다." 하고 시종일관 우기는 것이다. 14일이면 안 되고, 기념일을 위한 꽃이니 16일이어야 한다고 메일을 보냈으나 대답은, "14일로 되어 있다. 아무런 문제도 없다."고 하는 것

이었다. 게다가 "이 상품은 페덱스로 배송한다. 페덱스는 다른 날에는 배송할 수 없고 만일 다른 날의 배송을 원할 경우 할증 요금이 붙는 데 괜찮은가?" 하는 것이었다. 매뉴얼대로 메일을 보내고 있을 뿐이다. 고객의 기념일이든 무엇이든 관계가 없다. '꽃'이라는 물체를 A지점에서 B지점으로 이동시키는 것만을 비즈니스라고 생각하고 있는 것은 아닐까?

　▶ 가을에 첼시에서 미드타운으로 이사를 했다. 새 집에 이사 와서 깨달은 것이지만, 침실과 거실 모두 방의 벽에 전등 스위치가 있었다. 그러나 천장에는 전등이 없었다. 전구가 없는 것이 아니라 애당초 조명 설비가 없었던 것이다.

　▶ 같은 새 집. 벽장 문이 없었다. 디자인이 그렇게 된 줄 알았더니 그게 아니었다. 위아래층의 모든 방문을 다는 것을 잊어버렸다고 한다.

　▶ 하와이로 출장을 갔다가 돌아와 보니 문은 달려 있었다. 집을 비운 사이 제멋대로 집 안으로 들어와서 문을 달고, 아무 말도 없이 그대로 공사를 하고 있었던 것이다. 문이 달려 있으니 '보면 알지 않느냐?'는 것이리라. 덧붙여 말하면, 문에는 연필로 커다란 숫자가 메모되어 있었다. 건축 자재의 분류 번호 같은 것이리라.

　▶ 침실의 창문에 블라인드가 세 개 있는데, 양쪽의 두 개는

길이가 짧아서 맨 밑까지 블라인드가 내려오지 않았다. 이것도
원래 이런 디자인일지도 모른다는 생각이 들었다. 이 정도로
'불편함' 이 계속되면 그럴 수밖에. 내친 김에 한마디 더 한다
면, 이 정도로 '사건' 을 일으키고 있는 우리 집의 관리 회사
〈실버스타인〉은 세계 무역 센터 등도 관리하는 미국 굴지의 도
시 개발업자였다.

◐ 우리 집에 처음부터 비치되어 있던 냉장고는 품질 관리
운동, '6 시그마' 로 유명한 〈제너럴 일렉트릭〉사 제품이었다.
문을 열어 보니 왠지 어두운 것 같았다. 그리고 어느 날 갑자기
깨달았다. 전기가 들어오지 않았던 것이다. 이상하다고 생각하
며 여러 가지로 조사해 보았더니, 냉장고 안에 전구를 꽂는 소
켓이 있었다. 전구를 사다가 자기 손으로 꽂아야 하는 모양이
다. 그러나 식품을 넣어 두는 냉장고니까 잘못해서 전구를 깨뜨
리게 될지도 모른다.

이런 것까지 신경을 써서는 안 될 것이다. 하는 수 없이 전구
를 사다가 꽂았다. 그러나 전구에 불이 들어오지 않았다. 전구
가 나쁜 것인지 냉장고의 배선이 나쁜 것인지 알 수가 없었다.

◐ "딩동" 하고 벨이 울렸다. 나가 보니 아파트의 정비 보수
를 담당하고 있는 남성이 서 있었다.

"헬로! 전자레인지가 고장났다면서요?" (전자레인지는 처음부터 설치되어 있었다.)

"아뇨. 전자레인지는 고장나지 않았소. 그보다는 욕실의 화장지걸이가 없는데, 그것은 우리가 사야 하는 겁니까?"

"네? 거짓말이겠죠. 화장지걸이가 붙어 있지 않다구요?"

"거짓말이라니요, 들어와 보시죠." (하고 욕실로 그 사람을 안내했다.)

"어어, 정말이네. 오늘은 준비가 안 되었으니까 내일 달아 드려도 되죠?"

"좋고 말구요."

그 이튿날 "딩동" 하고 벨이 다시 울렸다. 문을 열어 보니 다른 정비 보수 담당자가 서 있었다.

"헬로! 전자레인지가 고장났다면서요?"

"아뇨. 전자레인지는 고장나지 않았소. 그게 아니라 욕실의 화장지걸이가 없다구요."

"네? 거짓말이겠죠. 화장지걸이가 없다니요?"

"거짓말이 아니라니깐요. 자아, 들어와서 봐요." (하고 욕실로 안내했다.)

"어어, 정말이네요. 오늘은 준비가 안 되었으니까 내일 달아 드리면 되겠지요?"

그 주일에 같은 말을 다섯 번이나 다섯 사람에게 되풀이했으나, 지금까지도 우리 집에는 화장지걸이가 달려 있지 않다. 단념하고 내가 직접 사기로 했다.

◑ 그런 이유로, 리얼 고급 일용품점 〈베드배스 & 비욘드〉에서 화장지걸이를 사왔으나, 크기가 작아서 화장지가 돌아가지 않았다. 돌아가지 않으면 화장지를 쓸 수가 없다. 화장지는 규격이 하나일 텐데 말이다.

◑ 주목의 대상이 되고 있는 비즈니스 잡지 『비즈니스 2.0』의 정기구독을 신청했다. 수표를 동봉해서 신청을 했는데, 청구서가 날아들었다.[3]

◑ 비슷한 새로 출간되고 있는 비즈니스 잡지 『Fast Company』에 정기구독 신청서를 보낸 지 벌써 4개월이 지났는데도 아직 아무런 소식도 없다. Fast의 의미가 뭐였더라?

◑ 우리 집의 텔레비전 리모컨에는 48개의 버튼이 있다. 비디오데크의 리모컨도 같은 수의 버튼이 있다. 그러나 케이블 TV 〈온데만드〉에서 영화를 어떻게 보면 좋은지, 비디오를 녹화하는 데는 어떻게 하면 되는지 사용설명서를 아무리 읽어 보아도 도통 알 수가 없다. 나는 남들보다 유별난 것을 요구하고

있는 것은 아니다. 예약을 하고 싶다든가, 그런 고급스러운 짓을 하고 싶다는 것이 아니다. 프로그램을 화면에 비치게 하고 싶다. 그리고 지금 화면에 비치고 있는 화상을 녹화하고 싶은 것뿐이다.

● 샌프란시스코로 출장가는 데 아메리칸 항공을 이용했다. 돌아올 때 샌프란시스코를 이륙하여 수평 비행으로 바뀌자마자 뒤쪽의 좌석이 시끄러웠다. 무슨 일인가 했더니 긴급 사태가 발생했을 때 내려오는 산소 흡입 마스크가 천장에서 내려온 것이다. 스튜어디스는 "사용하고 싶은 분은 사용하세요." 하고 말했다. 개그를 할 생각인가?

● 실리콘 밸리에 출장갔다가 돌아올 때 전화요금 청구서를 우연히 보고 있었다. 줄곧 집을 비우고 있었기 때문에 이번 달에는 전화요금이 적게 나올 것이라고 생각했다. 그러나 '누군가가 프랑스에' 전화를 걸었다고 기록되어 있었다.

전화를 걸 턱이 없지 않은가! 이유는 알 수가 없다. 누가 잘못한 일인지 알 수가 없다. 그러나 아무도 없는 우리 집에서 누군가가 프랑스에 장거리 전화를 걸었다는 청구서가 날아든 것이다. 그래, 누군가가 걸었던 것이다. 이 넓은 지구상의 누군가가 프랑스에.

전화회사인 〈벨 어틀랜틱〉은 한술 더 떠서 전화선을 끊었다. 전화가 죽은 것이다. 그 이유 또한 알 수가 없다. 항의 전화를 걸었더니 "그 쪽의 전화기에 문제가 있는 것 아닌가?" 하는 대답이었다. 그럴지도 모른다고 생각하게 만드는 것이 이 회사의 서비스 방침인 모양이다.

　◗ 현재 살고 있는 집을 세를 얻을 때 부동산회사 담당자는 로디였다. 그의 입버릇은 '맘보 잠보' 였는데 "세상이란 다 그런 거야. 고시랑고시랑거리는 것은 그만두자!" 는 것이다. 그런데 그 로디하고 계약을 하고, 그 이튿날 이사할 날짜를 의논하기 위해 사무실에 전화를 걸었다. 담당자는 다른 사람이었다. 그래서 알게 된 사실은 내가 계약한 방은 이미 다른 누군가가 먼저 2개월 전에 계약을 했다는 것이다. 2중 계약이었던 것이다. 당황한 나는 로디에게 호소했다. 로디는 오늘도 명랑했다. "맘보 잠보, 걱정할 것 없어요. 걱정할 것 없다니까요. 마이도(매번)!" 나는 로디에게 오사카 사투리인 "마이도(매번)."를 가르쳐 주었던 것이다.

어째서 이렇게 되어 버렸을까? 나는 마케팅을 위시한 미국 비즈니스 사상이 물건만들기를 비롯한 장사의 기본을 지나치게 경시한 것이 그 원인이라고 생각한다. 이것을 '마케터' 와 '경영 사상' 의 두 가지 측면에서 고찰해 보기로 하겠다.

마케터의 죄

세스 고딘은 칼럼에서 이렇게 쓰고 있다.

기어 숍은 이미 우리들의 경제의 엔진이 될 수 없다.

– 『Fast Company』, 2001년 8월호.

그가 주장하는 바는 이렇다. 현대는 기어를 만들고 있는 공장으로 대표되는 '공장 구동의 경제' 가 아니라 '아이디어 구동의 경제' 로 되어 있으므로 공장 설비 등에 발목을 잡히는 비즈니스를 하는 것이 아니라 변신도 빨리 하여 '앞으로 무엇이 필요한가?' 를 정확히 파악하고, 그것에 대응할 수 있는 우수한 인재를 고용하여 비즈니스를 자꾸자꾸 변용시켜 가야 한다는 것이다. 이것이 '현명한' 인간이 하는 짓이다. PC로 무장된 큐비클(미국 사무실에서 흔히 볼 수 있는 칸막이로 된 책상의 자리를 나타냄)이 세계를 바꾼다.

그는 최신의 저작, 『*Unleashing the Ideavirus*』에서도 농업과 공업은 이미 과거의 산업이고, 지금부터는 아이디어를 어떻게 올바르게 팔아 나가느냐가 승부를 결정한다고 말하고 있다. 그 사례로 도요타의 프리우스는 '아이디어가 아니라 공장이 기반인 회사, 도요타'이기 때문에 네이밍이나 디자인이 나쁘고 마케팅이 서툴다고 말하고 있다. 나는 이것에 크게 반대한다. 프리우스에서 중요한 것은, 세스 고딘이 주장하는 것처럼 '어떻게 파느냐'가 아니라 '무엇을 파느냐', 즉 '환경을 배려한 에코 엔진'이라는 사상이다. 포드와 제휴하거나 BMW에 제공하는 등 에코 엔진에서는 사실상 세계의 표준이 되어 가고 있다.

현대 미국을 대표하는 생동감 넘치는 마케터의 센스가 이 정도이다. 그러니 그 밖의 사람의 센스는 짐작할 수 있을 것이다.

게이오 대학에서 오랫동안 교수로 역임해 온 무라타 아키히로는 하버드 대학교의 T. 레비트 교수의 강의를 회고하면서 저서에서 이렇게 쓰고 있다.

내가 최초에 하버드 경영 대학원에 유학중일 때 커다란 충격을 받은 것이 T. 레비트 교수였다. 지금부터 30여 년 전의 일이다.

첫강의 시간이 마케팅 수업이었는데 레비트 교수는 "지금 어느 식품회사가 나에게 컨설팅을 부탁하러 와 있는데, 내가 그것을 맡아서 조언하면 그 회사는 살아 남는다. 왜 그런지 알겠는가?" 하는 것이었다.

그 회사는 낙농 제품을 만들고 있었는데, 유감스럽게도 지금 이대

로 나가다가는 망할 것이다. 왜 그런가? 그 회사는 아이스크림이나 요
구르트를 만드는 회사이기 때문이며, 그런 '상품'을 만들고 있는 회사
는 장래에 망하게 될 것이다. 이제부터는 상품을 만드는 것은 기업이
전개해야 할 사업이 아니다.

내가 제안하고 있는 것은, 그 회사가 낙농 제품의 제조사가 되는 것
이 아니라 인간이 무엇을 먹어야 하는가 하는 메뉴를 연구하고 개발
하고, 구체적으로 디자인하는 회사가 되는 것이다. 메뉴 디자인의 소
프트웨어를 제안하는 회사가 되어 달라는 것인데, 이것은 상품의 틀을
벗기는 일이다.

－『마케팅 하트』중에서

상품의 틀을 벗기는 것은 좋다. 그러나 상품을 만드는 것을
버리는 것이 좋은 것은 아니다. 이와 같이 마케팅은 줄곧 상품
을 지나치게 소홀히 해왔다. 그것이 지금 와서 미국 기업에 서
서히 그 영향을 미치고 있는 것이다.

☝ 상품이 아니라
   소프트라는 이름의 유령

예를 들어 당신이 야구 배트를 판매하고 있다고 하자. 마케팅에서 흔히 듣는 말로 "나는 야구를 하는 기쁨을 제공하고 있습니다."라고 한다.

그러나 그렇다고 해서 그 배트가 속구를 한 번 때렸을 뿐인데도 뚝 부러져 버려도 좋다는 이유는 되지 않는다(거짓말 같은 얘기지만, 미국제 배트를 사용했을 때는 있을 수 있는 일이다).

고객이 초등학생 아들과 함께 가게에 와 있다면, "당신의 아들과 평생의 추억을 만들기에 걸맞는 최고 품질의 배트를 제공하겠습니다."라고 하지 않으면 안 된다.

오사카 요도야바 시에 있는 미즈노의 점원은 야구 글러브를 사러 간 나에게 '야구가 좋아서 미칠 지경' 이라는 모습으로 글러브를 고르는 법, 볼을 받는 법을 상세하게 설명해 주었다. 그렇다. 상품은 최고의 것이어야 한다. 야구 배트를 일컬어 '휴일의 오락을 연출하는 도구' 라고 하면서 제품 자체로부터 도망치는 것은 미국형 마케팅을 본뜬 발상법이다. 배트는 배트다. 그리고 고객한테 돈을 받는 것이라면 최고 품질의 배트, 자신감을 갖고 스스로도 돈을 내고 사고 싶다는 생각이 드는 배트가 아니면 팔 가치가 없다.

그렇다. 여기서 다시 '성공의 트라이포드'를 생각해주기 바란다. 상품이 무엇이든 간에 공통되는 얘기이지만, 장사의 3대 요소, 즉 '내용', '배달방법', '고객과의 관련성' 가운데 우선은 내용을 최고 품질로 만들도록 하라. 그리고 그것에 의해서 자신의 장사를 규정하는 것이다. 이것은 서비스업도 마찬가지다. 마케팅을 잘하는 미국 기업은 저품질의 제품, 낮은 수준의 서비스밖에 제공할 수 없게 되어 버렸다. 이것은 '내용'을 소홀히 하고, '배달방법'과 '고객과의 관련성'에만 주력해 온 결과이다.

예를 들면, 얼마 전에 평판이 났던 『블러의 시대 *Blur*』의 저자들, 스탠 데이비스와 크리스토퍼 메이어는 저서에서 '당신의 비즈니스를 Blur 하는 50가지 방법' 가운데서 '제품을 모든 서비스 속에 가둬라(Build Product into Every Service)', '서비스를 모든 제품에 가둬라(Put Service into Every Product)'고 말하고 있다. 입만 열면 '서비스'다. 나는 이것을 '서비스로 도피하는 증후군'이라고 부른다. 정말 야단났다!

마케팅이란 무엇인가? 형편없는 것을 형편이 있는 것처럼 보이게 하는 마술인가? 적어도 미국 제품과 서비스에 신물이 나 있는 나에게는 그렇게 보인다.

👆 경영사상의 죄

그렇다면 경영사상은 어떠한가?

마이클 포터(하버드대학교 경영대학원 교수)는 이렇게 주장하고 있다.

(일본은) 개선하는 것은 잘하지만 차별화하여 독자적인 것을 만드는, 독자적인 방법을 취하는 일이 없다.

– 21세기 서미트 강연에서

미국인한테 그런 말을 듣고 싶지는 않다. 일본에서야말로 뒤에 말하는 것처럼 독자 기술로 생활을 풍요롭게 하는 내용이 풍부한 비즈니스가 자라나고 있다. 상세한 것은 제2장에서 말하겠지만, 일본의 독특한 기술이 세계를 떠받치고 있는 경우도 있다.

"포터 교수여, 당신의 휴대전화를 성형하는 금형은 일본의 메이커가 3차원 CAD로 만들고 있습니다(주식회사 〈잉크스〉는 시장 점유율 100%). 강연하는 동안 매너 모드로 해놓았는지 모르지만 그 바이브레이터도 일본제(〈도카이 파트 공업〉은 해외 점유율 90%)입니다. 자택의 텔레비전에 딸려 있는, 리모컨으로부터 적외선 신호를 수신하는 수광(受光) 유닛도 일본 회사의 것입니다(〈샤프〉의 세계 시장의 점유율 50~60%)." 이렇게 말하면, 납득해줄까?

☝ What보다 How를 중시했다

데이빗 S. 포트랙 & 텔리 피어즈

> 지금 우리들의 비즈니스가 돌입하려고 하는 새로운 시대는 이미 상품의 우열만이 경쟁의 중심이 되는 세계가 아니다. …… (중략) …… 기업은 형태가 없는 것에 초점을 맞춤으로써 차이를 창출해 나가야 한다.
>
> —『클릭 & 몰탈』

지금까지 거론한 경영 사상은 모두 어떤 가치(What)를 창출해 나가느냐가 아니라 어떻게(How)라는 부분만을 말하고 있

다. 이런 경향이 비즈니스의 기본 품질을 못쓰게 만들어 버린
것 아닐까?

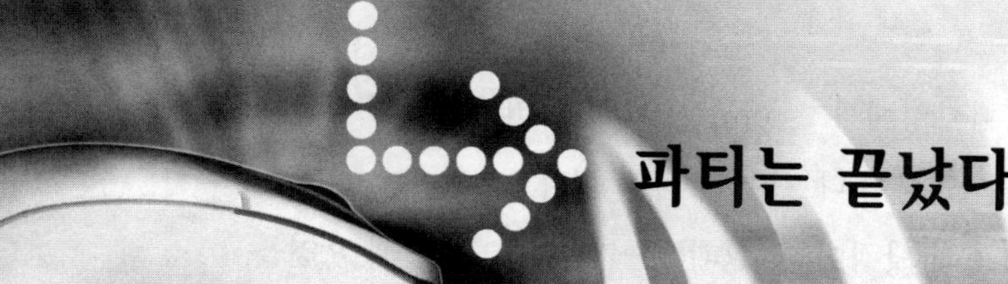

파티는 끝났다 증후군

　모두가 신바람이 나서 들떠 돌아다니던 닷컴 파티는 2000년 4월 14일 25.3%의 나스닥 주가 하락을 맞이하여 끝장나 버렸다. 인터넷의 장난감 기업, 〈이토이즈〉가 피크일 때보다 94%(6%가 아니라) 폭락하고, CD기업, CD「NOW」가 피크일 때보다 85% 폭락하는 등 소비자 대상 인터넷 전자상거래(B2C)는 괴멸하여 이미 파티장에는 을씨년스러운 피자 찌꺼기나 빈병만이 굴러다니고 있을 뿐이다. 〈이토이즈〉는 끝내 도산해 버렸다.

　벤처 캐피털은 B2C에는 돈을 내놓지 않고, 궤도에 올라 있는 양질의 B2C에 대해서도 기업간 인터넷 전자상거래(B2B)에로의 업태 전환을 요구하고 있다. 내가 잘 알고 있는 실리콘 밸리의

닷컴 기업은 회사명에서 '.com'을 제거해 버렸다. 그 이유는
"고객에게 주는 인상이 나쁘니까."라고 했다.

　미국에서 B2C의 닷컴이 왜 실패했는가? 나는 그 실패 요인을
다음 세 가지라고 생각하고 있다.

즉흥적인 아이디어만으로 장사를 할 수 있다고 생각했다

　'B2C 닷컴의 경우는 장사를 시작하는 데 초기 투자가 적어도
된다'는 커다란 오해가 있었기 때문에 단순한 즉흥적인 아이디
어로 창업하여 차고에서 시작을 하고, 하룻밤 사이에 큰돈이 굴
러 들어올 것이라는 꿈을 갖게 되었다. '가정교사'인 벤처 캐피
털도 적어도 2000년 3월까지는 간단히 이것에 동참해 버렸다.
고도 안전비행을 계속하고 있는 주가의 배출구가 없었기 때문
에 이것들이 닷컴 벤처로 올려 갔다. 그러나 이미 그런 일은 일
어나지 않게 되었다.

● 사례 1 : 이미지트윈

　〈이미지트윈 : www.imagetwin.com(현재는 폐쇄됨)〉사의 서
비스는 한마디로 말하면, '3D에 의한 몸의 사이즈 측정 서비
스'이다. 전용 기계를 옷가게 안에 설치하게 한다. 평면도적으

로 말하면, 한가운데에 스캔실이 있고, 네 개의 탈의실이 둘러 싼다. 고객은 스캔하기 위해 탈의실에서 옷을 갈아 입는다. 그리고 스캔실로 들어간다. 20만 개의 빛의 입자가 고객의 몸 사이즈를 계측해서 데이터베이스로 보낸다. "네, 이것으로 당신의 사이즈는 등록되었기 때문에 앞으로는 측정할 필요가 없습니다. 또 온라인 쇼핑을 할 때도 데이터베이스에 액세스하면, 사이즈에 맞지 않는 옷을 사는 일도 없습니다." 이 회사는 2000년 말의 휴가 시즌에는 북미와 캐나다의 쇼핑몰을 돌면서 기계도 함께 전시하면서 돌아다녔다고 한다. 〈랜즈 엔드〉와 〈브룩스 브러더스〉한테도 협력을 얻어서 점포 안에 기계를 설치했다고 한다.

〈랜즈 엔드〉는 이미지트윈의 기계와 함께 미국의 14개 도시를 돌았으며, 〈브룩스 브러더스〉는 맨해튼 매디슨 가의 본점에 도입하여 가봉실에 들어가는 일 없이 맞춤 양복을 입게 할 수 있기를 기대하고 있었다.

이 서비스에 한마디 한다면, "그것이 어쨌다는 것이냐"이다. 몸의 사이즈 같은 것은 아침과 저녁에 다를지도 모르고, 매장 직원이 줄자를 가지고 재면 그것으로 끝나는 것 아닌가? 오히려 그러한 측정을 하면서 고객과 대화를 하는 것이 가게에 중요한 고객 접촉의 기회가 되는 것 아닌가? 100보를 양보해서, 이렇게 20만 개의 광입자로 측정하는 것이 큰 도움이 된다고 하자. 그러나 자신의 사이즈는 9호인데, 가게에는 11호밖에 없는 경우 어떻게 하겠는가? 이미 독자 여러분도 알고 있다시피, 미국의 서비스 질이 낮은 것에서 생각할 수 있는 것은 점원이 "없다."고 한마디 하면 그것으로 끝이다.

더군다나 사람의 손으로 재면 끝나는 것을 왜 일부러 이렇게 거창스러운 기계를 사용하고, 그 위에 웹사이트를 경유해서 고객 관리 자료로 만들지 않으면 안 되는 것일까? 〈랜즈 엔드〉나 〈브룩스 브러더스〉는 도대체 어떤 생각들을 갖고 있는 것일까?

역시 실패를 한 것 같다. 2000년 1월의 『비즈니스 2.0』에 소개되어 있음에도 불구하고, 3월 말에는 사이트가 폐쇄되어 버렸다.

● 사례 2 : 티보이

뉴욕에서 인기를 끌고 있는 가정용품 잡화점 〈베드배스 & 비욘드 : www.bedbathandbeyond.com〉에서 '티보이' 라고 하는 괴상한 상품을 발견했다. 펭귄의 모습을 하고 있는데, 주둥이에 티백을 매단 후 주둥이를 아래로 향하여 더운 물에 담근다. 티보이에는 타이머가 있어서 15분까지 설정할 수 있다. 설정한 시간이 되면 "통" 하고 주둥이가 위로 올라가고 티백이 물에서 나온다.

그러나 15분이나 더운 물에 담그고 있으면 그 물은 식지 않을까? 또 티백 정도는 자기가 직접 손으로 집어넣을 수 있지 않은가?

　이 상품의 컨셉트의 괴상함뿐만 아니라 내가 한심하다고 생각하는 것은 이런 상품을 만들 때에도 기획회의를 했을 것이라는 것이다. 기획서가 제출되고, 회의에 참석하고 있던 사람들 전원이 "오! 좋아, 좋아!" 하고 의견의 일치를 보고, 상사가 도장을 찍거나 사인을 하여 기획안이 통과되었을 것이다.

　닷컴의 상품에는 이 티보이적인 발상은 없는 것일까? 이른바 즉흥적인 착상만으로 손님으로부터 돈을 받을 수 있다고 간단하게 생각했던 부분은 없을까? 즉흥적인 아이디어만으로 자금을 끌어 모아(투자하는 쪽도 죄가 무겁지만) 회사를 만들고, 주가를 잔뜩 올려 놓고 팔아치운 후 도망치겠다는 속셈은 없었던 것일까?

　또 사람과 기계의 접점에서 기계에 지나치게 비중이 걸린 경향은 없는가? 여기서 기계를 기술이라고 해도 좋다. 곡예적인 것에 몰두한 웹사이트를 만드는 것이 목적이 되어 가장 중요한 비즈니스 사양으로는 되어 있지 않은 자기만족이 아니었던가? 역시 중요한 것은 사람인 것이다.

　비틀스가 해산한 1969년에 조지 해리슨이 솔로로 내놓은 앨범에 Electronic Sound가 있다. 소위 '전자 음악'이다. 들어 보면, "슈웅……", "바리바리바리바리", "쏴아……앙"만 되풀이될 뿐이어서 조금도 즐겁지가 않다. 조지 본인은 '전위'나 '실험'이라는 말을 염두에 두고 있었는지도 모르지만, 듣는 쪽에서 말하자면 이런 것에 돈을 지불하고 싶지 않은 것이 솔직한

심정이다. 닷컴이 해온 것은 이것과 비슷하지 않을까? 우격다
짐으로 기술을 구사하여 본질을 잊고, 고객을 등한시해온 것은
아닐까?

막대한 광고 선전비에 발이 묶였다

B2C 닷컴이 현실 세계에서 퍼부은 광고 선전의 양은 굉장했
다. 그리고 그 목적은 사이트에 고객들을 끌어들이는 데 있었
다. 인터넷이나 e 메일이 현실 세계의 비즈니스와 결정적으로
다른 점은 '고객이 생활하고 있는 범위에서는 보이지 않는다'
는 것이다. 웹사이트를 '일부러 보러 가지 않으면 안 된다.' e
메일을 '일부러 읽지 않으면 안 된다.' 그렇기 때문에 디지털
세상만으로는 완결되지 않고, 당연한 결과로 고객을 불러들이
기 위해서 현실 세계에서 광고 선전을 요란스럽게 하게 된다.

2000년 4월, 뉴욕 지하철의 차내 광고에서 본 어떤 뉴스의 광
고 문안이다.

"당신이 지금 타고 있는 차내의 닷컴 광고의 수만큼 비타민이
듬뿍 들어 있습니다."

당시 아직도 닷컴 광고는 원기왕성했던 것이다. 수치로 보면 오프라인의 전통적 대중광고에 2000년 한 해 동안 무려 60억 달러에서 70억 달러가 쓰여졌다. 거기에 더해서 온라인에 50억(주피터 리서치에 의하면) 달러나 쓰여졌다. 요란스러운 텔레비전 광고, 입간판, 잡지의 1면 광고를 낸 샌프란시스코의 온라인 애완동물용 푸드점인 〈pets.com〉이 1999년과 2000년에 쓴 광고비는 1억 달러로, 이것은 이익의 3분의 1에 해당한다. 마케팅의 명인인 〈프록터 & 갬블〉조차도 9%로 억누르고 있는 것을 보더라도 이 숫자가 얼마나 돌출되어 있으며, 회계 지식이 없는가를 알 수 있을 것이다. 다만, 이 경영 및 회계상의 불균형을 아직 아무도 깨닫지 못하고 있는 모양이고, 〈주피터 리서치〉의 예측에 의하면 앞으로 5년 동안 온라인 광고는 165억 달러, 즉 2000년의 3배가 될 전망이고, 뉴욕을 기반으로 하는 컨설팅회사 〈베로니스 슐러〉에 이르러서는 같은 시기에 250억 달러에 도달할 것이라는, 높은 예측을 하고 있다.

그러나 광고를 한다고 해서 무조건 고객이 모여든다고는 할 수 없다. 그 이유로는 다음 두 가지가 있다.

● 이유 1 : 노출이 곧 고객의 마음에 '꽂히는 것'은 아니다.
일본에 소비세가 도입되었을 때 일본 전역에 나붙은 포스터를 기억하고 있는가? 어떤 사진이 사용되고, 어떤 글이 쓰여져 있었는지 아마도 대부분의 사람들은 기억하지 못할 것이다. 그

포스터에는 한 여성이 "4월 1일부터 3%"라고 쓴 사각형의 입간판을 손에 들고 미소짓고 있었던 것이다. 이렇게 말하면, "아참 그랬었지." 하고 막연하게나마 기억해내는 사람도 몇 명 있을 것이다. 그렇다면 그 여성의 얼굴은 기억하는가? 여기서 모두들 실격이 될 것이다. 그렇다. 모델이 된 여성에게는 일본 전역에 자신의 얼굴을 알릴 수 있는 절호의 기회였고, 실제로 알리게 되었던 것이다. 그럼에도 불구하고 현재 그녀의 얼굴은 대부분의 일본사람들의 의식 속에 남아 있지 않다. 무조건 알린다고 좋은 것은 아니라는 것을 여러분도 알게 되었을 것이다.

● 이유 2 : 광고는 '기다리는' 마케팅 수법으로 비용 대 효과를 측정하기 어렵고, 또한 실제의 효과도 낮다.

역 앞에 간판을 100만 엔을 들여서 세웠다고 하자. 간판을 세운 덕분에 150만 엔의 이익을 올렸다면, 단순 계산으로 50만 엔을 벌어들인 것이 되지만, 80만 엔밖에 이익을 올리지 못했다면, 20만 엔은 점포의 지출이 되고 만다. 그런 것이다. 간판 마케팅은 소비자들의 상품에 대한 주목을 끄는 효과는 있을지도 모르지만, 그렇다고 해서 경영이 기울어질 정도로(이익의 3분의 1을 투자하다니, 말도 안 된다) 돈을 투자할 것은 아니다.

텔레비전의 CF도 간판 마케팅의 일종이지만, 일본에서는 하루 3000편이나 방송되고 있다. 당신이 막대한 비용을 투자해서 텔레비전 CF를 제작하여 방영했다 하더라도 3000분의 1의 확률이고, 더군다나 텔레비전을 보고 있는 '시청자' 의 눈에 띄었을 뿐이다. 그 시청자가 과연 당신이 메시지를 전하고 싶은 대상인지 어떤지는 하느님만이 알 수 있다.

장사의 기본이 확보되지 않았다

앞에서 예로 든 〈pets.com〉은 광고 선전 작전을 펼치고 난 후에 사이트의 방문자가 12배나 늘어났다고 한다. 그러나 그 '12배의 방문자' 가 실제로 얼마나 애완용 푸드를 샀을까? 사지 않았기 때문에, 2000년 11월 초에 회사를 정리하고 자산 매각을 발표하게 되었던 것이다. 여기에는 과학적 데이터의 뒷받침이 없었다. EC로 돈벌고 있는 기수인 스프트닉 대표인 나기에 잇세키(『BE 커머스로 승자가 되는 55가지 철칙』의 저자)에 의하면, 방문자가 실제로 상품을 구입하는 비율은 0.3~0.5%라고 한다. 그러니까 1000명의 방문자가 있어 보았자 사는 사람은 4명이라는 것이다.

또한 재무·회계뿐만 아니라 관리·회계라면 기초로 확보해두어야 할 광고비의 이익에 대한 균형조차 제대로 깊이 생각을 하지 않았을 것이다. 애당초 회계에 대한 지식을 갖고 있었느냐하는 점도 의문이다.

이상의 세 가지 요인이 미국 닷컴을 비탈길에서 굴러 떨어지게 만들었다.

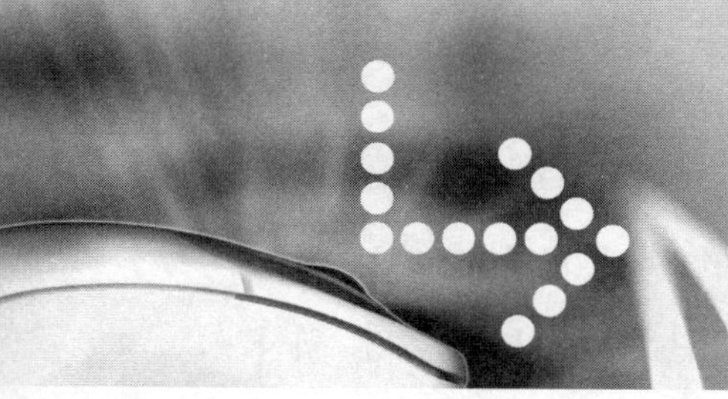

무엇이든지
인터넷 증후군

신경제론이 인터넷에 대한 과잉 기대를 부채질하고, IT 혁명이 모든 비즈니스의 고민을 해결해주는 마법의 지팡이라는 분위기를 만들어 버렸다. 그 덕분에 특별히 필요도 없는 비즈니스까지 인터넷이나 웹사이트에 경영 자원을 할애하는 증후군이 생겨났다.

일본의 모 컴퓨터회사의 광고이다.

"인터넷을 사용하면 세계를 상대로 비즈니스를 할 수 있습니다."

이런 유형의 텔레비전 광고에 자주 나오는 것은 지방의 양조

장이 웹사이트를 개설하면 어딘가 먼 나라로부터 주문이 들어올 것이라는 것이다. 간단히 말하면, 판로가 넓어진다는 것이다. 말도 안 되는 거짓말이다. 그런 일은 있을 턱이 없다. 웹사이트를 여는 것만으로는 넓은 황야에 입간판을 세운 것뿐이어서 통행인이 있는지 없는지도 모른다. 간판 앞을 지나가는 것은 소나 말뿐일지도 모르는 일 아닌가?(그러고 보면 몇 년 전에 고양이를 대상으로 한 바보스러운 애완용 푸드의 텔레비전 광고도 있었다) 더군다나 일본어로 작성한 사이트에 외국인이 접속해서 일부러 물건을 산다는 것도 현실적이 아니다. 그리고 결제 수단을 어떻게 할 것인지도 모른다. 누가 어떤 식으로 외국까지 상품을 배달할 것인가? 재고관리 등과 같은 업무는 어떻게 하는가? 전혀 현실적이 아닌 것이다.

이와 같이 무엇이든지 모조리 인터넷이라는 옷을 입히면 된다는 풍조는 일본이나 미국이나 공통적이다. IT가 산업혁명 이래의 복음이 되어 경제를 향상시켜 줄 것이라는 기대감이 있었던 것은 아닐까? 적어도 2000년까지는 그런 기대감이 있었다.

사례에 따라서 고찰해 보기로 하자.

👆 고객이 누구인지 모르는 〈ABC 스토어〉

나는 하와이를 무척 좋아하는데, 하와이에 가서 '하와이에 왔구나.' 하는 기분을 느끼게 해주는 것은 바로 〈ABC 스토어〉였다. 그 곳의 독특한 냄새가 '아아, 하와이로구나!' 하는 감개를 낳는다. 그 〈ABC 스토어〉가 웹사이트(www.abcstores. com)를 개설했다.

상품들을 살펴보니 'ABC' 로고가 들어간 명물 티셔츠, 알로하 셔츠, 액세서리, 커피, 초콜릿, 쿠키, 마카다미아너츠, 인형, 레이(lei = 환영의 뜻으로 목에 걸어 주는 화환), 샌들, 비디오 스크린세이퍼 등 시내에서 팔고 있는 물건들은 대부분 다 있었다. 어차피라면 '명물인 돗자리도 팔았으면 좋을 텐데.' 하고 생각했으나, 그것은 팔고 있지 않았다.

그런데 〈ABC 스토어〉가 웹사이트를 개설해서 성공할 수 있을까? 이 대답을 이끌어내려면, 〈ABC 스토어〉의 고객이 누구인가를 생각하면 된다. 그러면 고객은 누구인가? 고객은 바로 일본사람이다. 〈ABC 스토어〉에서 쇼핑을 하여 계산대로 가지고 가면 대개 일본어로 금액을 가르쳐준다. 직원도 일본어를 할 줄 아는 사람이 상주하고 있다. 물건의 구색은 일본의 편의점에 있는 것과 비슷한 '일본적 정서'를 지향하고 있다. 그런데 이 웹사이트는 영어로 되어 있다. 바로 여기에 '무엇이든지 인터넷 증후군'이 있다. 즉 '인터넷을 사용하면 판로가 세계로 넓어지는 것이 아닐까?' 하는 달콤한 기대를 바탕으로 웹사이트를 운영하고 있는 것이다.

☝ 없는 쪽이 나았던
고급 호텔의 웹사이트

이와 같은 인터넷에 목적도 없이 손을 내미는 경향은 미국뿐만 아니라 일본에도 있다.

모 특급 호텔의 웹사이트를 사례로 소개하겠다. 일본에 출장 갔을 때 그 호텔에서 체류하게 되었다. 1박하는 데 수만 엔 하는 특급 호텔이지만 다음과 같은 이유로 예약을 했다.

1. 마케팅을 하고 있는 사람으로서 그런 특급 호텔에 투숙하면서 서비스를 피부로 느낄 필요성이 있다(지금도 나는 가끔 이런 이유로 고급 호텔을 이용하고 있다). 브랜드론의 취재에도 도움이 된다.

2. 당시 도쿄에는 아직 나의 〈팜트리〉의 사무실이 없었기 때문에 고객과의 상담에도 이용할 쾌적한 공간이 필요했다.

3. 원고를 집필할 곳이 필요했다. 그리고 통신 환경이 잘 갖춰진 넓은 책상이 필요했다.

출발하기 전에 업무상 사용하는 일본어로 된 자료본을 뉴욕 사무소의 PC를 통해 온라인 서점에서 구입하고, 보낼 곳은 호텔의 내 이름 앞으로 했다. 그런 뒤에 이것을 사전에 호텔 측에 얘기를 해두는 편이 나을 것 같아서 그 호텔의 웹사이트에 들어가서 문의처를 클릭하고, "귀 호텔에 ○○일부터 머물 예정인 사카모토입니다. 제 앞으로 책이 배달되면 맡아 놓기 바랍니다."는 내용의 메시지를 메일로 보냈다. 전화로 해도 되지만 시차가 있고, 호텔 측에서도 심야에 이런 전화를 받고 싶지 않을 것이고, 메일로 할 수 있는 얘기라면 그보다 더 좋은 일은 없을 것 같았다. 그리고 물론 특급 호텔의 웹사이트이니 그것에 걸맞는 대응을 해줄 것이라고 기대했던 것이다.

그리고 나는 며칠 동안 호텔에 머물고, 온라인 서점으로부터 책도 제대로 도착해서 벨보이가 친절하게도 방까지 가져다 주었다. 나는 내가 보낸 메시지가 효과를 나타낸 것이라고 생각했다. 덧붙여 말하면 그 호텔의 서비스는 과연 특급이라고 할 수 있는, 가격에 걸맞는 만족스러운 것이었다.

그런데 그로부터 4개월 후에, 내 PC에 한 통의 메일이 도착했다. 짐을 보관하는 것은 가능하니 체크인할 날을 가르쳐 달라는 내용의 메일이었다. 거기에다 당신의 이름이 예약 명부에 없는

데 언제 올 예정이냐는 내용을 덧붙였다.

무슨 소리인지 알 수가 없었다. 한동안 생각한 끝에 '지난 일본출장 때 보낸 메일이 아닐까' 하는 생각이 들었다. '상당히 오래 전' 이라는 것은 알 수 있지만, 정확히 언제였는지는 알 수가 없었다. 메일 내용이 공손했기 때문에 더욱 어이없게 느껴졌다. 이렇게 되니 흥미가 생겨서 도대체 내가 언제 문의를 했었나를 알아보고 싶어졌다. 한가하지는 않았으나, 이렇게 되면 끝을 봐야 하는 것이 내 성격이다. 그런데 메일을 검색해도 송신 메일이 남아 있지를 않았다. 그렇다. 웹사이트로부터의 문의였기 때문에 기록이 남지 않았던 것이다. 아무튼 4개월 전의 일이다. 잘 처리되지 않았으면 기억하고 있겠지만, 원만하게 진행이 되었으니 잊어 버렸던 것이다.

그래서 나는 일부러 "언제 문의한 메일입니까?" 하고 회신했다. 그러자 이튿날, 어제와 똑같은 내용의 메일이 왔다. 내 질문에는 대답하지 않은 내용이었다. 자동 응답 장치인 모양이었다.

이 사례의 교훈은 웹사이트에서 중요한 것은 백야드이다. 기업 측은 얼핏 보기의 아름다움에만 현혹되지만, 사실은 이러한 고객과의 접촉에서 퍼포먼스의 우열이 나타나게 된다. 브랜드 힘은 전선(前線)에서 고객으로부터의 시험에 노출되어 있다. 그렇다면 이 호텔은 어떻게 했으면 좋았을까? 길은 두 가지가 있다. 웹사이트를 폐쇄하든가, 백야드에 적임자를 배치하든가 해야 한다. 그러나 메일 담당 전문가를 배치해 놓는다는 것은 말하기는 쉽지만, 교육이나 노무 체계의 정비 등 상당한 각오와 비용이 들어간다. 브랜드 전략에도 이어지는 얘기인 것이다. '인터넷 담당부서'의 일이 아니다. 그 정도까지 사내의 준비가 되어 있지 않다면, 웹사이트에는 손을 대서는 안 된다. 이미 이 호텔은 '특급'이라는 브랜드 힘을 가지고 있다. 이와 같이 웹사이트를 서툴게 운영하면, 거꾸로 지금까지 현실 세계에서 축적해온 브랜드 자산이나 고객으로부터의 '퍼미션4)'의 저금을 잊어버리는 경우도 있다. 그렇다. 얼빠진 사이트라면 차라리 없는 편이 더 낫다.

☝ 상식이 생각하지 못했던 온라인상의 옷 입어보기 서비스

뉴욕에 있는 〈SOHO〉 회사. 이 회사의 사이트는 실제 점포를 가지고 있는 클릭 & 몰탈이 아니고 네트 전문의 단일 직종이다. 이 사이트의 특징은 화면상으로 드레스나 셔츠 등 옷을 입어볼 수 있는 것이었다. 자신의 헤어 스타일, 피부색이나 눈동자의 색까지 등록할 수가 있고, 화면상으로 자신의 마네킹을 만든다. 그리고 마네킹에 여러 가지 옷을 입혀 보고서 마음에 들면 그 자리에서 구입하는 방식이다. 백야드에는 〈SOHO〉에 있는 젊은이에게 인기가 있는 화려한 부티크가 버티고 있다.

그러나 비즈니스의 요체(要諦)를 '입어보는 것' 만으로 해서 종업원 20명을 먹여 살릴 작정일까? 그 이야기를 들었을 때 나는 도저히 믿을 수가 없었다.

투자가가 돈을 투자하고, 사외 이사가 15명이나 된다는 것이었다. 나는 현기증이 났다. 이탈리아 이민자인 그는 본래 디자인 회사를 사원 4명과 함께 영세하지만 견실하게 경영하고 있었다. 그 무렵부터 알고 있지만, 어떤 계기로(그는 그것을 '비즈니스 기회' 라고 부르고 있었다.) 투자가와 알게 되어 어떤 회사가 가지고 있는 비즈니스 모델을 써서 '옷을 입어볼 수 있는 것' 사업을 시작하게 되었다. 나는 안 된다고 말렸으나 그는 귀담아 듣지 않았다.

고객의 입장에서 보면 입어보는 기쁨은 실제로 매장에 가서 동행인과 함께 "잘 어울리니?", "사이즈는 어떨까?" 하는 식으로 서로 얘기를 나누면서 법석을 떠는 데 있다. 또한 옷감의 감촉이라는 것도 무시할 수가 없다.

게다가 옷을 입어볼 수 있다는 것은 구매 행동의 일련의 요소들 가운데 하나에 불과하다. 그 한 가지만을 추출해서 팔려고 해도 5감(촉각 · 후각 · 시각 · 미각 · 청각)을 원용할 수 없는 PC 화면만으로는 완결되지 않을 것이다. 하물며, 그것으로 사업을 할 수 있을까? 냉정하게 생각하면 답은 저절로 나올 것이다.

요컨대, 많은 닷컴이나 인터넷 관련 사업에 있기 쉬운 함정에 빠져 버린 것이다. 앞에 사업상의 전략이나 이기는 포인트가 있는 것이 아니라 앞에 인터넷이 와 버린 것이다. 현재 이 사이트는 폐쇄되었다. 그리고 사장은 이탈리아로 돌아가 버렸다.

👆 헛소동의 최후

인터넷은 어디까지나 수단에 지나지 않는다. '무엇이든지 인터넷 증후군'은 수단을 목적화해 버리고 있다. 고객이 갖고 있는 상식을 조금만 반영한다면 이상하다는 것이 명백한 데도 말이다.

어쨌든 간에 이렇게 해서 닷컴과 인터넷 관련의 헛소동은 최후를 맞이했다. 당연히 미국뿐만 아니라 일본도 마찬가지이다.

도가 지나친
미국식 마케팅

다시 한 번 미국의 원인을 생각해보자. 생물학에서는 원인을 분석할 때, 지근한(至近 : 아주 가까운) 요인과 궁극의 요인으로 나누어서 생각하는 경우가 있는 것 같다. 지근 요인은 현상의 메커니즘에 관한 요인으로, 지금 일어나고 있는 것의 직접적인 원인은 무엇이냐는 것이다. 그리고 궁극 요인은 역사나 환경의 장기적 변화의 패턴에 의거해서 생각했을 때 나오는 원인을 말한다.

미국의 경우에 지근 요인은 거품이다. 주가가 이상하게 올라가 있어서 실태에 맞지 않는다. 1990년부터 1999년까지의 경제성장률은 33~34% 정도인데, 같은 기간의 주식은 다우만으로도 320%를 넘어서고 있다. 이 이상한 낙차는 명백히 거품이다.

주식만 경제의 실력을 무시하고 올라가 버렸기 때문에 주식을 기반으로 한 기업 경영이 하기 쉽게 되었다. 그 때문에 경영에 헛점이 생기게 되었다.

사실은 미국인의 인플레를 제외시킨 실질 임금은 1973년부터 1974년경이 최고점이었고, 그 이후 계속 내리막길을 걷고 있다. 1995년에는 최고점 때보다 14%, 1999년에는 10%가 감소되었다. 주가는 올라갔어도 수입은 감소하고 있는 것이다. 다만 중산층 가정의 금융 자산 중 3할에서 4할이 주식에 연계되어 있어서 주식이 올라갔기 때문에 덕을 보고 있었다. 또 부부가 맞벌이를 하거나, 근무처를 두 곳으로 만드는 등의 수법을 써서 감소된 수입을 벌충하고 있었다. 이것으로 그럭저럭 '버텨 왔다' 는 것이 실태이다.

그리고 궁극 요인은 명백히 미국식 마케팅이 도가 지나치다는 데 있다. 미국에서 일어나는 일은 조만간 일본에서도 반드시 일어날 것이다[5].

다음 장에서는 이 궁극 요인을 조명해 보고 처방전을 차분히 고찰해보기로 하겠다.

1) ACSI : American Customer Satisfaction Index
   고객 만족도수를 측정하는 지수로 클레이스 포넬이라는 미시간 대학 경영대학원 교수가 제창하였다. 연간 6만 5000명의 고객을 대상으로 소비재, 서비스의 고객 만족도수를 측정하여 조사하고 있다. www.bus.umich.edu/research/nqrc/acsi.html

2) 여기서 말하는 '리얼' 문구점, '리얼' 가구점은 실제로 점포를 가지고 있는 가게를 가리키며, 인터넷상으로만 점포를 열고 있는 온라인 숍과 구별하기 위해서 붙였다.

3) 덧붙여 말하면 2001년 8월, 이 잡지는 『타임』지에 매각되어 『타임』지 산하의 『e 컴퍼니』 잡지와 합병하여 재출발했다. 경영진과 주요 집필진이 쇄신되었다. 그 덕분에 지면의 경향이 크게 달라졌다. 지금까지는 티셔츠에 반바지 차림으로 느긋하게 일을 하고 있던 것이 갑자기 검정색 정장으로 갈아입은 것 같아서 내 취향과는 거리가 멀어졌다.

4) 'permission'은 퍼미션 마케팅의 열쇠가 되는 개념으로 허용, 허가라는 의미. 고객으로부터 'permission'을 얻고 나서 비로소 기업은 마케팅 활동을 시작하는 것을 기본 철학으로 삼고 있다. 또 이 'permission'은 저금처럼 축적해 나갈 수 있다. 많이 있는 편이 좋다.

5) 물론 경제는 인간의 영위이며, 인간의 영위인 한 직선으로 이해할 수 있는 것도 아니다. 모든 것에 특정한 인과 관계가 있다는 식의 단순한 논리가 아니라는 것을 잘 알고 있다. 그렇기 때문에 지금까지의 분석은 '정답'이 아니라 어디까지나 하나의 관점이다.

일본 기업에 대한

처방전

2

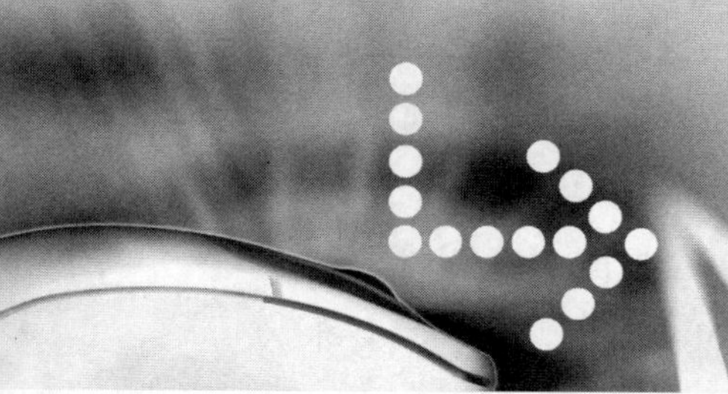

중화사상으로
생각하자

답이 없는 비즈니스 세계에서는 혼자서
끝까지 생각하는 것이 벽을 돌파한다

 ## '권위자의 보증부 증후군'으로부터
벗어나기

나가라 강의 가마우지를 길들여 물고기를 잡는 사람. 가마우지의 목에 감는 고삐에 무엇을 쓰면 좋을까? 가마우지가 도망치지 못하도록 튼튼한 섬유를 쓰면 좋다고 해서 삼실을 쓰는 사람은 미숙자라고 한다. 명장이 되면, 노송나무를 꼰 것을 고삐로 쓰고 있다. 노송나무 고삐는 가마우지가 몸부림을 치면 금새 끊어진다. 그러나 끊어지니까 좋다고 한다. 끊어지지 않는 끈을 쓰면 가마우지를 죽게 한다. 노송나무 고삐는 가마우지가 몸부림을 치면 금새 끊어지므로 가마우지가 목숨을 건진다. 고삐의 목적은 가마우지를 죽이기 위한 것도 아니고 가마우지를 묶기 위한 것도 아니다. 가마우지와 '함께 있기' 위한 것이다. 그러기 위해서는 '끊어지지 않지만 끊어진다'고 하는 '적당한 정도'가 중요해진다.

이러한 명장이 가지고 있는 지혜는 어떤 책에 쓰여 있는 것이 아니다. 그러나 나 자신을 되돌아보면, 대학을 졸업한 이래 내가 전개하는 생각에는 문헌의 뒷받침이 대단히 중요한 작업이었다. 특히 문과계열의 사람은 그 버릇을 버릴 수가 없는 것 같다. 기업에서도 자신의 생각을 말하기보다는 '권위자의 보증부'라는 것을 중시하고 있다. '제조의 양해는 얻어 놓았는가? 라든가, '다른 회사에서는 어떻게 하고 있는가?' 하는 따위이다. 또 경영대학원에서는 아무래도 미국의 경영 이론을 숭배하고, 일본의 산업 현장에 억지로 적용시키려고 하는 경향이 있다는 것은 부인할 수가 없다. 당연히 M.B.A.는 무조건 가치 있는 것으로 여겨지고 있다. 이것이 미국 편중의 관점과 사고방식을 증폭시켜 왔을 뿐만 아니라 자기 스스로 철저히 생각하는 것을 저해해온 것은 아닐까? 나는 이 태도를 '세즈 증후군'이라 부르고 있다. '세즈'라는 것은 영어의 'says'이다. 누가 말하고 있다고 할 때, '○○ says' 또는 '○○ said'라고 한다. 비즈니스계 메일링 리스트의 발언에서도 자주 볼 수 있다.

"이것은 코틀러가 말하고 있는 것인데……, P. F. 드러커에 의하면……, 오마에 겐이치가 말하기를……, ○○라는 책에 실려 있었는데 ······."

또는 인터넷에서 검색하고, 자신이 품고 있는 물음에 대한 답이 어딘가에 있겠지 하고 찾아나서는 자세도 '세즈 증후군'이다. 답이 없는 것이 현실의 비즈니스인 데도 말이다. 다시 말하면 '권위자 보증부 증후군'이라고 할 수 있다.

그 사례를 들어 보면 다음과 같다.

어느 건축 자재회사의 이야기이다.

종래에는 없었던, 완전히 새로운 디자인의 외벽재를 개발했다. 소재 자체는 시장에 투입한 이래 30년쯤 경과하고 있는, 이른바 '성숙기'에 있는 상품이다. 성숙기에 전형적으로 보여지는 복수 브랜드의 참여에 의해서 야기되는 가격 경쟁의 심화에 의해서 이익을 올리는 것이 곤란한 환경에 있었다. 유통도 피폐가 심했다. 그런 가운데서 개발된 새로운 디자인의 외벽재는 고객들에게 좋은 반응을 얻었다. 당연히 판매가도 높게 설정되어 마진도 통상의 3배나 올릴 수 있었다. 그러나 그 회사는 성공에 대한 자신감을 가질 수가 없었다. 왜냐하면 지난 30년 동안 평가받지 않은 새로운 상품을 시장에 투입한 체험이 조직 내에 없었기 때문이다. '이런 것은 거짓이 아닐까? 언젠가 또 다시 악몽과 같은 가격 경쟁이 시작되는 것은 아닐까? 경합 상대가 낮은 가격을 내세워서 끝이 없는 가격 전쟁이 재개되는 것은 아닐까?' 하고 제조회사, 유통으로 구성된 고객을 상대하는 모든 구성원들이 이 '권위자 보증부가 없는 것에 대한 공포' 에 떨며 생활했다. 그러자 이상스럽게도 사업은 인간이 하는 것이어서 인간과 똑같은 기업 행동이 생겨났다. 즉 공포감을 완화하기 위해서 스스로 자신의 공포로 되어 있는 대상행위를 함으로써 보상했던 것이다. 어느 일부 판매대리점이 스스로 마진을 낮춰서 낮은 가격으로 수주를 해버렸던 것이다. 시장 전체에까지 영향을 미치지는 않았지만 말이다.

이윽고 이 상품이 굿디자인상을 수상했다. 이 회사는 겨우 안심을 했다. '권위자 보증부' 를 얻을 수 있었기 때문이다. 이런 사례는 실로 수없이 많을 것이다.

지금까지 어느 곳에서도 만들지 않은 상품을 개발했으나 국내에서는 '실적이 없다', '회사 이름을 들어본 적도 없다', '기업 규모가 작다', '브랜드의 힘이 없다' 는 등의 이유로 거들떠보지도 않았다. 할 수 없이 해외에서 판로를 개척했더니 오히려 해외에서 좋은 평가를 받고, 그것이 거꾸로 일본 시장으로 유입된 사례가 참으로 많다.

다음에 소개하는 두 가지 사례는 적절할 것이다.

● 니혼 아르미트(도쿄도 나가노구)의 고성능 땜납

일본의 전기 회사는 실적이 없다며 어디나 문전박대를 했다. 그러나 제품의 품질을 내세워 미국의 〈록히드〉사로 물건을 팔러 갔다. 그 곳에서는 선정되어 호응을 얻게 되자 NASA에도 판로가 열렸다. 그 실적 덕택에 일본 기업이 몰려들었고 이번에는 문전성시를 이루었다.

● 히쿠노우도(히로시마 현 구마노쵸)의 메이크업 브러시

가업인 붓 생산만으로는 장래성이 없다고 판단하여 메이크업 브러시를 개발했다. 그러나 화장품의 덤 정도로밖에 생각하고 있지 않은 일본 내 화장품 회사로부터는 평가받지 못했다. 그런데 슈퍼 모델도 애용하고 있는 캐나다의 〈MAC〉사가 선정한 것이 계기가 되어 일본 내에서도 유통이 실현되었다.

이것들은 모두 일본 기업의 '권위자 보증부 증후군' 의 벽을 해외로부터의 역수입이라는 형태로 타파한 사례이다.

일단 자신의 속에 있는 이 '권위자 보증부 증후군' 을 자각한 다음 벗어나지 않으면 안 된다.

'중화사상' 이란 '세계의 중심은 내가 서 있는 여기다' 라는 사고방식이다. '내가 생각하여 답을 내놓지 않으면, 세계의 어디에도 답을 알고 있는 사람이 없다' 는 사고방식이다. 물론 '권위자 보증부 증후군' 하고는 대조되는 개념이다.

돔을 만드는 기술로
건축기준법까지 바꾼 〈다이요공업〉

〈다이요공업〉이라는 회사를 알고 있는가? 1970년 오사카 만국박람회에서 미국관과 〈후지〉 그룹의 전시관의 포장 구조물을 만든 회사이다. 원래는 텐트를 만드는 회사였다.

〈다이하츠〉사에 미제트라고 하는 경3륜 트럭이 있었다. 〈다이요공업〉은 그 덮개 제조를 하청받고 있었는데, 미제트가 대히트를 했기 때문에 증산하지 않으면 수요를 따라갈 수 없게 되었다. 그래서 새 공장을 건설할 필요가 생겼다. 1953년경의 이야기이다. 그런데 공장을 건설할 돈이 없었다. 은행에 가서 빌리려고 해도 담보가 없었다. 창업주인 노무라 료타로는 장래 값이 오를 가능성이 있는 토지를 사서 그것을 담보로 하면 되겠다고 생각했다(물론 거품 경제 시절에 일부 기업처럼 값이 오르기를 기대하고 토지를 구입하는 것이 아니라 어디까지나 새 공장 건설이 목적이었다. 토지는 목적이 아니고 수단이라는 점에 주의할 것).

그런데 어느 곳이 '장래에 값이 오를 가능성' 이 있는 토지일까? 그런 것은 어느 누구에게 물어봐도 알 수가 없다. 당시 도카이도 신칸센의 구상은 들어서 알고 있었다. '신칸센의 역 주변에 토지를 사면 가격이 오를 것 아닌가? 그렇다면 오사카의 어디에 역이 생기는 것일까? 여기서부터가 걸작이다. 노무라는 취미로 타고 다니던 비행기를 직접 조종해서 오사카 시내를 하늘에서 정찰했다. 어디에 신칸센의 오사카 역이 생길까를 하늘에서 생각한 것이다. 마침내 어떤 지점을 추출해냈다. 역이 생기면 강제 퇴거로 인해서 새 공장을 건설할 수 없기 때문에, 일부러 서쪽으로 300m 떨어진 곳을 택했다. 그곳이 바로 현재의 본사 소재지이다. 예상은 그대로 적중해서 은행이 융자를 해주었다.

노무라의 훌륭한 점은 이와 같이 '남에게 의존하지 않는' 점이다.

만국박람회로 이야기를 되돌리면, 미국관의 지붕을 만든 표면 구조물, '비니셀 공법'의 기술은 어디에도 그 본보기가 없었다. 독자적으로 생각해낸 것이다. 당시, 미국에도 비슷한 기술을 가진 전 미국 최대의 텐트 제조회사인 〈버드에어〉사(그 뒤, 다이요공업이 주식을 전부 취득하여 이 회사의 그룹 기업이 되었다)가 있었다. 그러나 미국은 미국관을 짓는데 자기 나라 회사를 쓰지 않고, 〈다이요공업〉을 선정했다. 노무라에 의하면, "우리들의 센스력이라고 할까, 열의를 평가받았다."는 것이 그 이유라고 한다.

또한 표면 구조물은 건축기준법에도 법령이 없었다. 그래서 건설성도 난처해서 '만국박람회장 안이라면 치외 법권'이라고 하여, 건축 허가를 내주었던 것이다. 만국박람회 당시(1970년)

부터 도쿄돔을 건설하는 기술은 갖고 있었던 셈이다. 하지만 일 반 건설물에 적용하기 위해서는 법률의 정비가 필요했다. 그런 데 이때부터 도쿄돔을 건설할 때까지는 15년이나 걸리고 있다. 건축기준법이 없으면, 보험에도 들 수가 없다. 보험에 들지 못 한다는 것은 그 건물에서 '만일의 경우' 무슨 문제가 생겼을 때 모든 보상을 〈다이요공업〉이 해주어야 한다는 것을 의미한다. 그럴 수는 없었다. 무슨 수를 써서라도 표면 구조물에 관한 법 률의 정비가 필요했다. 그렇다면 어떻게 하는가? '없으면 스스 로 만드는' 것이다. 건설성과 함께 입법에 노력했다. 학문의 뒷 받침이 필요하다고 해서 건축학회의 도움도 요청했다.

"해답은 어디에도 없다. 없으면 스스로 생각한다."

〈다이요공업〉의 이 자세야말로 중화사상의 좋은 사례이다.

세계 최초의 양식 진주에
에디슨도 깜짝 놀란 〈미키모토 진주〉

"전 세계 여성의 목을 진주로 장식해 보이겠습니다."
메이지 천황에게 이렇게 말한 인물이 있었다. 바로 미키모토 고키치였다. 그는 창업가이며 발명가였다. 1858년 미에 현 도바의 우동가게 〈아와코〉에서 태어났다. 1890년 도쿄의 우에노에서 개최된 내국 전업 박람회에 천연 진주를 출품한 고키치는 거기에서 해양동물학자인 미노사쿠 가키치 박사를 알게 된다. 박사로부터 진주의 양식은 이론적으로는 가능하지만, 아직 전 세계의 어느 누구도 성공하지 못했다는 얘기를 들은 고키치는 "그렇다면 내가 해보겠소." 하고 결심했다. 당시 그는 32세였다. 그 이후 3년에 걸쳐서 연구를 하여, 1893년 7월 11일(진주기념일로 되어 있다) 가까스로 세계 최초의 양식 진주가 완성되었다.

"나는 매일 3회 전 세계를 날아 돌아다니고 있다."고 하면서 항상 지구의를 옆에 두고 있던 고키치는 세계를 한눈에 파악하고 있었다.

또한 고키치는 선전의 명인이기도 했다. 1910년에 런던에서 열렸던 일영(日英) 대박람회 등 세계 각지의 전시회에 출품했다. 1926년 미국 필라델피아 독립기념 만국박람회에 출품한 「미키모토 5중탑(호류사 5중탑을 흉내낸 것이다)」이 세계의 이목을 집중시켰다. 1만 2760개의 둥근 진주를 사용하고 있었다. 선전 감각이 뛰어난 고키치는 평판이 있을 것을 예측하고, 출품에 맞춰서 자신도 구미 시찰 여행을 떠났다. 진주 이외의 모든 발명을 시찰하겠다는 목적 때문에 그는 에디슨을 만나 보아야겠다고 생각했다.

그래서 시부사와 에이치에게 소개를 부탁했다. 예상대로 「미키모토 5중탑」은 가는 곳마다 대호평과 대환영을 받았다. 여행 중에 뉴욕 지점 진출을 결정하였다.

그리고 뉴저지 주의 웨스트 오렌지에 있는 에디슨의 자택을 방문했던 것이다. 에디슨은 에디슨대로 신문을 꼼꼼하게 읽은 정보통이었기 때문에 당연히 진주의 양식 방법을 발명했다는 것에 대해서 알고 있었다. 더구나 고키치는 에디슨에게 진주 발명의 방법과 양식에 쓰는 기자재를 미리 보내 놓았던 것이다. 과연 14세 때부터 과일 행상으로 장사를 해온 수완가였다.

에디슨의 놀라움은, 자신의 발명은 '기계로부터 기계의 발명'을 한 것에 반해, 고키치의 발명은 '자연으로부터 자연의 발명'이라는 것이었다. 에디슨은 일기에 이렇게 썼다고 한다.

"나는 지금까지 기계를 배합해서 새로운 제품을 만들어내 왔으나 조개가 갖는 자연의 힘을 살린 미키모토의 발상에는 경탄을 금할 수가 없다."

👆 세계적인 플라스틱 모델 제조회사로 변신한 〈다미야 모형〉

크레이튼 크리스텐센의 『The Innovator's Dilemma』라는 책

이 있다. 이 책이 주장하고 있는 주제를 간단하게 말하면, "그때까지 시장에서 표준으로 되어 있던 기술이 어느 날 갑자기 단숨에 파괴형 기술의 출현에 의해서 진부화되어 버린다."는 것이다.

비슷한 것을 〈다미야 모형〉은 체험하고 있다.

목제 모형 제조회사로 궤도에 올라 있던 그때, 미국으로부터 플라스틱 모형이 왔다. 플라스틱 모형을 발명한 것은 영국이지만, 미국의 〈레벨〉사가 1951년에 손을 대기 시작하면서부터 일반인에게 보급되었다. 일본에는 일찍부터 1950년대에 수입되었고, 목제에 비해서 조립이 매우 간단해서 인기를 끌었다. '외래품' 인 탓으로 값이 비쌌기 때문에 단숨에 널리 보급되지는 않았으나 모형 팬의 입장에서 보면, 플라스틱 모델의 취급이나 조립의 간단함, 축척의 정확성 등에서 목제 모형은 상대가 될 수가 없었다. 그 결과 목제 모형의 기술은 무용지물이 되어 버렸던 것이다. '플라스틱' 이라는 '파괴형 기술' 이 출현한 것이다. 목제 모형의 주문은 줄어들고, 종업원도 50명에서 30명으로 줄었다. 시즈오카 현에서는 모형 제조회사가 3개나 사라졌다.

〈다미야 모형〉은 할 수 없이 1959년에 플라스틱 모델을 제조하기로 결단을 내렸다. 2대 사장인 다미야 슌사쿠가 플라스틱 모델을 본 지 그 이듬 해의 일이다. 자아, 그때부터가 생사의 갈림길 같았다. 견본이나 본보기가 없는 가운데서 암중모색이 시작되었다. 애당초 플라스틱 모델을 만드는 법 같은 것을 아는 사람이 아무도 없었다. 그래서 플라스틱이라는 새로운 재료에 대한 연구를 하는 것부터 시작했다. 덧붙여 말하면, 플라스틱 소재가 발명된 것은 1900년대 초의 벨기에에서였고, 재료로서 진보를 이룩한 것은 제2차 세계대전에서 군수품으로서였으니까, 역시 일본으로 기술이 전해지는 데에는 당시 상당한 시간이 걸렸던 것이다. 현대였다면 발명하고나서 며칠 사이에 인터넷으로 일본의 누군가에게 전해질 수도 있겠지만 말이다.

미국제의 플라스틱 모델을 연구했다(이것을 전문 용어로 '리버스 엔지니어링' 이라고 한다. '역분해 조사' 라는 의미). 그때까지 전혀 거래가 없었던 금형 공장과 교섭하느라 고생을 했다. 종래 공업 부품의 금형을 주로 취급하고 있던, 현대풍으로 말하면, B2B의 발상에 익숙해져 있던 금형 공장에 미묘한 기술이 요구되는 B2C(일반 고객 대상)의 플라스틱 모델용 금형을 의뢰하지 않으면 안 되고, 엄청나게 값이 비싸거나 달갑지 않은 얼굴을 하거나 납품기일도 제멋대로이어서 고생이 그치지를 않았다. 애당초 재료가 되는 플라스틱도 국산으로는 품질상 문제가 있어서 값비싼 수입 재료를 쓸 수밖에 없었다. 그야말로 고군분투. 원가는 자꾸 올라가기만 했다. 그렇게 고생을 거듭한 제1호 모델, '전함 무사시' 에서는 다른 회사의 가격과 비교해서 설정해야 했기 때문에 투입된 원가를 판매가에 반영하지 못하여 큰 적자를 보고 말았다.

이야기가 좀 달라지지만, 이 항목은 2대 경영자이며 〈다미야 모형〉을 세계적 브랜드로 만든 다미야 슌사쿠의 저서 『다미야 모형의 일』을 참고로 하고 있는데, 그 책 속에 이런 문장이 있다. 플라스틱 모델에 동봉되어 있는 설명문이다.

◁ 전사 마크를 떼는 법 ▷

> 전사 마크를 대지째 물 속에 집어 넣습니다. 약 10초쯤 지나면 꺼내서 마크가 대지에서 떨어지는지 어떤지 움직여 봅니다. 떨어지지 않을 경우에는 다시 얼마 동안 물 속에 담가 둡니다. 너무 오랫동안 물 속에 넣어 두면, 마크 뒤에 붙어 있는 풀이 녹아 버리므로 조심해 주십시오.

이 문장을 나는 똑똑히 기억하고 있다. 물에 적신 마크가 쑤욱 떠오르면서 벗겨지는 감촉을 지금까지도 손가락 끝이 기억하고 있는 것이다. 다미야가 쓴 글인 줄은 몰랐다. 이와 같이 세부적으로 남는 기억이, 'TAMIYA' 라는 세계적 브랜드를 형성하고 있을 것이라고 생각한다.

슬롯카가 미국에서 들어와 유행했을 무렵(1963년경)에도, 독자적인 기술을 연마해서 다미야의 차는 코너링이 강하도록 연구를 했다. 그 결과 기술이 향상되게 되었다.

일본 제품의 품질이 떨어진다는 선입관을 갖고 있던 당시, 미국에 판매 공세를 펴면서 고생을 거듭했다. 그때 "일본 제1은 안 된다. 세계 제1이 아니면 안 된다."고 통감하고, 그것이 "세계 제1의 수준을 지향한다(First in Quality Around the World)"는 슬로건이 되었다.

세계를 향해 노력을 거듭해온 결과 현재 이 회사의 사이트 (www. tamiya.com)는 유럽, 아시아, 아메리카가 각기 다른 사양으로 되어 있어 이용자는 클릭해서 각 지역 전용 페이지로 들어가면 된다.

지금까지 소개한 3개사 모두 헛되이 미국을 비롯한 다른 회사의 동향에 당황해하는 것이 아니라 현재 자신에게 무엇이 부족한가, 현재 손 안에 갖고 있는 정보는 무엇인가, 그 속에서 무엇을 할 수 있는가, 함께 일할 동료는 누구인가를 스스로 철저하게 생각하고 행동한다. 손쉬운 해결책을 모색하는 것이 아니라 차분히 발을 땅에 붙이고 끝까지 궁리를 한다. 스피드보다는 오히려 느린 비즈니스 자세이다. '권위자 보증부 증후군' 같은 것은 어디에서도 찾아볼 수가 없다.

Lessons learned

중화사상으로 생각하기 위해 당신이 할 수 있는 것

1. 권위자 보증부 증후군으로부터 완전히 벗어나자.
2. 혼자 힘으로 생각하자.

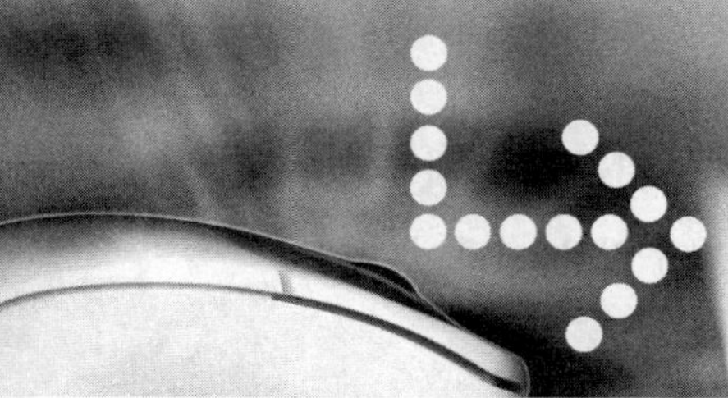

롱 셀러에서 배우자

비즈니스의 가치를 히트가 아닌 생활의
질에 두는 것이 새로운 카테고리를 낳는다

'유행'이란 무엇인가?

매년 히트 상품 순위라는 것이 발표된다. 〈SMBC 컨설팅〉이
하고 있다.

스모에 비유해서 상품을 동서로 나누어(무엇을 가지고 동서로
나누고 있는지 그 근거는 잘 알 수가 없지만) 요코즈나, 오제키, 세
키와케, 고무스비…… 식으로 서열을 정하고 있다. 서열은 '히
트 정도'와 같은 지표에 의해서 정해지고 있을 것이다.

덧붙여 말하면, 2000년의 히트 상품 순위에 올라 있는 상품을
무작위로 들어 보면 하마사키 아유미, 유니쿠로, i 모드, 플레이
스테이션 2, IT혁명, 시드니 올림픽 중계, 드래곤 퀘스트 VII,

IXY DIGITAL, 『미래 일기』, 『해리 포터』 시리즈, 생차, 스타벅스 커피, 프로비 요구르트 LG 21, 아마구리무 이차이마시타, 팜, 오이즈미 이츠로의 『손자』, 파라파라, 뮤르 등이다.

10년 전인 1990년에는 뉴 엔터테인먼트 센터, 꽃 만국박람회, 치비마루코쨩, 파지 가전, 에콜로지 관련 상품, 이치방 시보리, 티라미스, BS 튜너 내장 텔레비전과 VTR, 영 골드 카드, 디아망테, 홈 팩시밀리, 휴대 전화, 덴탈 캐어 상품, 단괴 세대 대상 잡지, 구미 캔디, 슈퍼 G 패미컴, 필드 오브 드림즈, 화이트닝 화장품, 로그 하우스, 월드 뮤직 등이다.

10년 뒤에도 남아 있는 것은 몇 가지 안 된다.

그런데 이 히트 상품 순위는 도대체 어떤 의미를 갖고 있는 것일까?

한마디로 말하면, '그 해에 유행한 것들'이다. 그렇다면 '유행한다'는 것에 어떤 가치가 있는 것일까? '팔린다'고 하는 기본적인 의미는 있다. 그러나 그 한 해에 팔린다는 것이 기업 활동, 그리고 고객에게 가치 있는 일일까? 아니다.

애당초 비즈니스는 무엇 때문에 있는가? 비즈니스의 가치는 어디에 두어야 하는가?

돈벌이? 매킨제 출신의 경영 컨설턴트가 저서에서 비즈니스란 솔직히 말한다면 '현찰을 낳는 기계'라고 쓴 것을 읽고, 온몸에 소름이 돋을 정도의 위화감을 느꼈다.

그것은 아니라고 생각한다.

고객의 생활의 질(QOL : Quality of Life)을 높이는 것이 아닐까?

생활을 풍부하게 하는 것도 아니다. 풍부하다고 하면 자칫 물건이 넘치기 쉽다. 그런 것이 아니라 질을 높이는 것이다.

유행해서는 안 된다

2001년 3월 2일 나는 지역 정보지 『월간 플랫』의 다카지마 순지 사장의 초대로 효고 현 고베 시의 다레미즈를 방문하여 세미나를 주재했다. 다레미즈 구는 고베의 서쪽 변두리 지역으로 맛있는 생선이 나는 곳이다. 8500세대, 인구 22만 3000명으로 작가 쓰츠이 야스다카의 고향이다.

다카지마 사장은 리쿠르트를 퇴직한 후에 독립했다. 고베 〈플랫폼〉사를 창립하고, 2000년 봄에 다레미즈 외에 한정 지역1)을 대상으로 지역 정보지 『월간 플랫』을 창간했다. 자택 근처의 상가 중심지에 사무실을 두고, 직장과 자택 근처에 뿌리를 내리고 차분히 활동하고 있다.

지역에서 유명한 케이크 상점에 "제발 일류가 되지 말라. 또 대도시에 나가거나 하지 말라. 그 곳으로 가면 단순한 케이크 상점 중 하나가 되고 만다."고 부탁하거나 새로 독립해서 돈이 달리는 프랑스 요리점의 주방장에게 자사 디자이너가 만든 로고 마크나 간판을 선물하였다. 또한 리폼 회사와 건축 디자인 회사를 소개해서 고객 만족도를 높이도록 제안하거나 그 고장 마케팅 회사의 목표 관리 수법의 자료 작성을 도와주고 있다. 과연 '본업은 무엇이지?' 하고 생각하게 만드는 활약상이다.

담담한 말투이면서도 다카지마 사장의 이야기는 무척 열정적이다.

"아직도 하고 싶은 일이 많습니다. 이 거리를 매일 내 다리로 걸어 다니고 있으니 '이렇게 할 수 있다면 저렇게 할 수 있다면' 하는 생각이 듭니다. 그야말로 시장 안에서의 발상입니다. 책상 앞에서는 생각나지 않던 아이디어가 갑자기 떠오르는 것입니다."

그의 말을 듣다 보면 장사라고 하기보다는 '지역과 함께 사는 일'을 하고 있다는 생각이 들었다. 나는 이런 다카지마 사장의 비전을 새로운 로컬 비즈니스의 본연의 자세라고 주목하고 있다.

그런데 다카지마 사장과 잡담을 하던중에 우연히 '유행'이라는 말이 나왔다. 그는 어머니의 말씀을 소개해 주었다.

어렸을 때 친구들 사이에서 유행하던 장난감을 사 달라고 어머니를 졸랐다. 어머니는 "유행이라는 것은 언젠가는 사라진다. 그러니 사는 것은 그만둬라." 하고 말씀하셨다. 그때는 돈이 아까워서 그러시는 것이라 생각했지만 지금에 와서는 그 깊은 의미를 알 수 있게 되었다.

"그래서 『월간 플랫』은 유행하지 않도록 하고 있습니다. 유행은 무서우니까요."

🖐 히트하지 않으면 실패인가?

나는 그 이야기에 매우 공감했다. 기업이 차례차례로 신제품을 내놓는 의미에 대해서 의문을 갖기 시작했기 때문이다. 또 '히트 상품을 만드는 법'과 같은 기획 세미나를 하면 만원 사례로 정원의 3배나 되는 사람들이 몰려든다. 이것은 뭔가 잘못된 것이 아닐까?

일본인은 제품을 꼼꼼히 만들고 롱 셀러로 만드는 능력이 있었다. 지금 우리가 해야 할 일은 차분히 상품이나 브랜드를 만들어서 키워 나가는 것일 것이다. 따라서 일본에서 롱 셀러 상품을 연구하고, 무엇을 배워야 하는가를 고찰해 보기로 하자.

👆 착상에서 상품화까지
7년이 소요된 '포카리스웨트'

〈오츠카 제약〉의 식품과 음료의 상품 라인을 살펴보자.

올로나민 C, 포카리스웨트, 칼로리메이트, 화이브미니, 더 칼슘, 호트포, 와나나이트, 조그메이트, 빈스타, 시막스, 에네르겐, 네이처메이드 …….

모든 것이 전혀 새로운 카테고리를 창출하고 있다. 예를 들어 '올로나민 C는 뭔가?' 를 설명할 때 '올로나민 C' 라고밖에는 표현할 수가 없다. '칼로리메이트' 는 '칼로리메이트' 라고밖에 설명할 수가 없다. 새로운 상품 카테고리를 창출해내고 있다.

그리고 괴상한 이름의 음료, 포카리스웨트. 이 롱 셀러 브랜드의 역사를 더듬어보자.

포카리스웨트. 지금은 익숙해진 이 상품은 언제 발매되었는가? 알고 있겠지만 1980년 4월 1일이다. 2001년이면 21세가 된다. 〈우다다 히카루〉보다 연상인 것이다. 더군다나 제품 컨셉트의 착상은 발매하기 7년 전으로 거슬러 올라간다. '생리적이고 인간의 몸에 맞는, 흡수가 잘되는 물에 가까운 음료를 목표로’ 연구가 시작되었다.

당시 스포츠 드링크는 게토레이(미국 〈쿼커오츠〉사, 당시 일본 시장은 유키지루시에 라이센스 판매 위탁)밖에 없었다. 더구나 분말이고, 소비 대상으로 상정하고 있던 고객은 스포츠 전문가, 이른바 체육회 계통의 사람들이었다. 거기에 오츠카 제약은 소비자를 향해 ‘알칼리 이온 음료’를 제안했다. ‘이 세상에 처음으로 투입되는 컨셉트’이었다.

본래 〈오츠카 제약〉은 의료용 점적액(포도당, 생리식염수)에서 일본 내에서 40%의 점유율을 차지하고 있었다. 그리고 외과 의사가 고된 수술을 한 뒤, 피로를 없애는 데 점적액을 마시고 있는 것을 의료현장에서 보았다. 그렇다면 일반 사람들의 몸에도 좋을 것이다. 하지만 점적액 그대로는 음료로서 맛이 적합하지가 않다. 개발의 포인트는 ‘점적액을 음료로 만든다’는 데 있었다. 또한 “병에 걸리지도 않았는데 왜 점적액을 마시는가?” 하는 의문에 대한 대답이 되는 컨셉트 작성도 동시에 필요했다.

1980년 어느 날, 나와 친구의 대화이다.

“포카리스웨트라는 것을 알고 있나? 그게 도대체 뭐지?”
“나도 몰라. 주스하고는 다르고 말이지.”
“올로나민 같은 것일까?”

"그것하고도 다른 것 아냐? 뭔가, '알칼리 이온'이라고 하던
데."

"알칼리란 빨강색인가?"

"말도 안 돼. 그건 산성일 때라구."

"그렇다면 리트머스 시험지가 붙어 있나?"

"붙어 있지 않을 거야. 아마, 잘은 모르지만."

"이온은 뭐지?"

"화학에서 뭔가 배웠잖아?"

"그렇지. 하지만 의미는 모르겠네."

"나도 몰라. 한번 시험 삼아 마셔 볼까?"

"…… 내가 사 왔으니까 자네 마셔 보라구."

"왠지 싫은데."

"마시라니까."

"…… 흐음, 쌀 씻은 물 같군."

"그게 무슨 소리야? 쌀 씻은 물이라니, 그게 어떤 맛인데? 아
아, 그러니까 자네, 그렇게 말하는 것을 보니 쌀 씻은 물을 마셔
본 적이 있는 모양이지?"

(일동 웃음)

이런 것이다. 그 정도로 포카리스웨트는 최초의 맛, 최초의
컨셉트이었던 것이다.

〈오츠카 제약〉은 이 새로운 맛, 새로운 컨셉트를 일본 시장에 정착시키기 위해 대단히 전략적인 동시에 장기적인 안목에 입각한 마케팅을 하고 있었다. 주의를 하기 바라는 것은 처음부터 '일상 생활에서 땀으로 잃어버린 수분, 전해질의 보급'을 상품 가치로 삼았다는 것이다. 상품에 붙어 있는 제품 설명을 옮겨보면 다음과 같다.

"포카리스웨트는 땀에 의해서 잃어버린 수분, 전해질을 부드럽게 보급하는 건강 음료입니다. 적절한 농도와 체액에 가까운 조성의 전해질 용액 때문에 빨리 흡수가 됩니다. 업무, 스포츠, 목욕시, 기상 직후 등 갖가지 장면에서 몸이 요구하는 갈증에 가장 적합한 음료입니다."

그리고 브랜드 태그 라인[2]은 BODY REQUEST라고 하고 있다. 몸이 구하는 것에 대한 해결이라는 말이다.

이벤트(포카리스웨트배 오픈 골프), 이미지걸의 기용(모리다카 치사토, 미야자와 리에 등을 배출), 스톤즈 내일 콘서트 스폰서, CM송의 히트(Zard의 「흔들리는 생각」, Deen의 「눈동자를 돌리지 말고」 등), 아쿠에리아스(일본 코카 콜라)의 저가격 참가에 대한 가격 호소 캠페인(이토이 시게사토), 브랜드 확장(스테비아)……. 컨셉트 착상에 30년 가까이 걸렸다. 인내심을 가지고 브랜드를 키우는 '느린 비즈니스'의 좋은 예이다. 기발한 네이밍으로 포말적, 단기적 매상고 등 화제를 노리는 일은 하고 있지 않다.

👆 적게 낳아 착실히 키운다

어떤 음료회사의 공장 직원과 이야기를 나눈 적이 있다. 나는 생산재 제조회사에 오랫동안 근무했기 때문에 신제품을 발매하게 되면 제조 라인의 설계로부터 물류 시스템의 구축까지 '대단한 일'이라는 인상을 가지게 되는데 어째서 음료는 간단히 손쉽게 신제품을 발매할 수 있느냐고 물었다. "제조 라인은 기존의 것을 공유해도 되는가?" 대답은 "예스."였다. 음료의 경우 조리법이 문제이고, 더구나 컴퓨터 제어 시스템으로 되어 있으니 인풋만 하면 된다. 문제는 조리법의 개발이고, 그 이후 제품으로 만들 때까지는 간단하다고 한다. 그 말을 100% 믿을 수만은 없으며, 음료회사의 현장에서는 이론도 있을 것이다.

그러나 '간단하니까' 간단하게 계속 신제품이나 새로운 브랜드를 내놓아서 좋을 리는 없다.

생물에게도 자손을 남겨 놓는 방식에 두 종류의 전략이 있다. 물고기, 곤충 등은 수많은 알을 낳아 그 가운데 몇 %쯤 살아 남으면 좋다고 하는 다산다사 전략이고 사람과 같은 포유류는 자녀를 적게 낳아 꼼꼼히 키워 나가는 소산소사 전략이다. 생태학에서는 전자를 r전략(r은 내적 자연 증가율에서 rate를 표현하고 있다), 후자를 k전략(k는 환경수용력)이라고 부른다. 기업의 상품 및 브랜드 전략에서 롱 셀러 전략은 k전략, 즉 포유류와 같은 전략이라고 할 수 있다. 그 중에서도 대부분의 영장류는 1회의 출산에 한 명의 아이를 낳고, 성숙할 때까지 정성껏 키운다. 덧붙여 말하면, 포유류에서 '포유'는 젖을 먹이는 것, 즉 육아를 의미한다. 차분히 상품과 브랜드를 키워 나가도록 하자.

👆 '아타크'와 '니베아'를 낳은 〈카오우〉

〈카오우〉사는 내가 가장 관심을 가지고 지켜보고 있는 마케팅 명수이다. 이 회사의 사장과 회장을 역임하고, 현재는 특별고문으로 있는 도키와 후미가츠를 존경하고 있는 탓도 있지만, 이 회사 제품을 옛날부터 애용하고 있다. 샴푸는 징크피리치온을 배합한 '메리트', 일의 피로를 덜기 위해서는 욕조에서 '바브', 뒷맛이 상쾌한 '클리어크린'…….

'청결하고 아름답고 건강한 매일을 향해서'가 이 회사의 상품 이미지이며 사이트(www.kao.co.jp)의 회사명과 달의 브랜드 마크 옆에 이 메시지가 게재되어 있다.

이런 에피소드가 있다.

뉴욕에서 가정용 청소도구로 〈카오우〉의 퀵클와이퍼 같은

것이 있으면 좋겠다고 생각하고 있었다. 좀처럼 찾을 수가 없었
으나 어느 날 비슷한 것이 있어서 사 보았다.

"Pledge Grab-it Sweeper(www.pledgegrab-it.com)."

가정용품 선반에서 자주 보는 〈S.C. 존슨 & 선〉사의 제품이
니 괜찮겠다고 생각하고 있었다. 집에 돌아와서 자세히 보니
'Made in Japan' 이었다. 그리고 자루 부분에는 놀랍게도 '퀵클
와이퍼 카오우' 라고 써 있는 것이 아닌가! 맨해튼의 길 모퉁이
에서 옛날에 잘 알던 일본인을 우연히 만난 것 같은 기분이 들
었다.

● 아타크

세계 최초의 콤팩트 세제로 1987년에 발매되었는데 현재도
의류용 세제의 톱 브랜드이다. 가루 대신에 시트로 빠는 시트
타입, 액체 아타크, 포인트 세제 등 브랜드가 늘어나고 있다. 누
가 뭐래도 발매 당시의 광고 문안, '스푼 하나로 놀라운 흰색으
로' 는 충격적이었다. 그때까지 세제라고 하면 사각형의 커다란
상자에 들어 있었던 것이다. 지점에서도 '커다란 상자임에도
불구하고 이런 가격' 이라는 것이 고객에 대한 호소 포인트였
다. 그러한 시장에 '사용량을 줄인다' 는 역전의 호소 문법을 사
용했던 것이다.

● 니베아

이 스킨 캐어 제품에 대해서는 시장에 도입할 때의 조사 결과
에 관한 재미있는 에피소드가 있다.

둥근 용기 모양이 구두약을 연상시킨다는 목소리가 높았고,
지지하는 소비자는 30%에 머물렀다. 그런데 합병 회사인 B사
가 "30%가 지지해 준다면 발매해야 하지 않겠는가?" 하고 말했
다. 이것이 등을 떠미는 형태가 되어서 할 수 없이 발매에 나섰
다고 한다. 시장 조사 결과의 수치를 읽을 때, 관점을 두는 법을
배울 수가 있다. 현재는 니베아 크림뿐만 아니라 바디 크림, 로
션 등 전부 22개의 브랜드가 생겨났다.

내용, 배달방법,
관계성에 QOL이 있는 '야쿠르트'

야쿠르트도 이상한 음료이어서 올로나민 C와 마찬가지로
'야쿠르트'는 '야쿠르트'라고밖에 표현할 길이 없다. 완전히
유사한 제품을 찾아볼 수 없는 카테고리이다.

이 회사의 기업 비전을 살펴보자.

"우리들은 생명 과학의 추구를 기반으로 하여 세계인들의 건

강하고 즐거운 생활 창조에 공헌하겠습니다.”

영어판은 “To explore the possibilities of life science.” (생명 과학의 가능성을 추구한다.)

‘야쿠르트’는 에스페란트어로 ‘요구르트’의 의미를 지닌 ‘야푸르트’가 그 어원이다. 일본인에게는 ‘야푸르트’는 발음하기가 힘들어서 ‘야쿠르트’로 정했다고 한다. 우리 몸의 장 안에 사는 유산균을 세계에서 처음으로 강화배양하는 데 성공한 1930년, 창업자인 시로타 미노루는 회사를 시로타 주식회사(락트바칠스카제이 시로타 주식회사)라고 명명했다. 제품화된 것은 그로부터 5년 후인 1935년이었다.

야쿠르트는 제품뿐만 아니라 배달방법과 고객과의 관계성[3]에서도 새로운 가치를 개척했다. ‘야쿠르트 아줌마’이다. 나도 영업을 오랫동안 해왔지만 그녀들처럼 다른 회사에 덥석덥석 태연스럽게 들어가도 괜찮은 사람들은 별로 없다. 야쿠르트 아줌마가 들어오면, 이상하게도 그 한구석이 가정적인 분위기가 된다. 직장 내의 가정이다. 그 이상한 분위기도 ‘야쿠르트’ 브랜드를 구성하고 있다.

또 야쿠르트 아줌마 시스템은 여성의 사회 진출의 선구가 되었을 뿐만 아니라 한 사람 한 사람이 독립 회사라고 하는 고용 형태는 조직에 의지하지 않고 개인으로 독립한다고 하는, 현대의 최신 노동 철학의 선구라고 해도 좋을 것이다. 물론 야쿠르트는 야쿠르트 아줌마들의 복리 후생에 대해서도 '남녀 고용 균등법'이 생기기 훨씬 전부터 세심한 배려를 해오고 있다.

야쿠르트 아줌마의 고객 커뮤니케이션

지난 봄, 19년간 근무한 회사를 그만두던 날, 빌딩의 여기저기에 작별 인사를 하러 돌아다니고 있었다. 복도에서 옛날부터 알고 있는 야쿠르트 아줌마를 만났다(정식으로는 '야쿠르트 레이디'겠지만, 나에게는 '아줌마' 쪽이 더 친근감이 있다). 16년 만의 재회였다. "사카모토 씨, 참으로 오래간만이군요." "그래요. 아줌마, 이번에 나 회사 그만두게 되었어요." 그녀는 깜짝 놀라서 한동안 선 채로 얘기를 나누었다. 현재는 신입사원교육을 담당하고 있는 모양이었다. 그러고 보니 옆에 신입사원처럼 보이는 사람이 있었다.

야쿠르트 아줌마는 혼자서 빌딩 전체를 담당한다. 맨 위층에서부터 차례로 내려온다. 나는 그 당시 신입사원이었고, 그녀도 아직 젊었고, 육아 때문에 고생하고 있었다.

그 무렵의 추억.

나는 호감을 품고 있던, 다른 층에 있는 나의 사내 애인에게 '조아'를 갖다 주라고 아줌마에게 부탁했다. 그 이튿날,

"그녀도 기뻐하더라구요." 하고 보고해 주었다. 아무것도 아닌 일이었다. 그러나 그래도 모험을 한 것 같아서 기뻤다. 또 상사에게 꾸지람을 듣고 주눅이 들어 있을 때, 익숙지 않은 윙크를 하면서 살그머니 야쿠르트를 건네준 적도 있다. 아줌마의 추억은 그대로 신입사원 시절의 추억이 된다. 그 뒤, 히로시마로 전근하여 아줌마와는 헤어지게 되었다. 회사에 입사해 야쿠르트 아줌마를 만나고, 퇴직하는 날에 재회했다. 이상한 인연을 느꼈다. 다음 날, 나는 회사를 설립하고 이주를 하기 위해 뉴욕으로 떠났다. 그녀와는 그것으로 끝이다. 하지만 언젠가 다시 인생의 고비길에서 만날 것 같은 느낌이 든다. 야쿠르트를 볼 때마다 나는 아줌마를 기억한다. 야쿠르트는 제품뿐만 아니라 아줌마라는 이름이 붙어다니는 브랜드를 형성하고 있는 것이다. 19년이라는 시간의 무게를 지닌 고객 커뮤니케이션.

　고객과의 커뮤니케이션을 하기 위해서라며 기업은 정색을 하고 거창한 IT 장치나 시스템을 도입하는 경우가 많은데 실은 이와 같이 '인간' 부분에서의 고객 접촉이 경쟁력의 핵이 된다. ECC(전자 상거래)도 결국에는 e메일에 의한 고객과의 접촉이 '팔리는 구조' 의 품질을 결정한다. 핵이 되는 것은 메일을 보내는 '사람' 이다. 고객과의 커뮤니케이션에서 중요한 것은 장치나 시스템이나 웹사이트가 아니다. 일선에 있는 사람의 육성이다. 아줌마가 그렇게 가르쳐 주었다.

– 리쿠르트, 『팔리는 구조 만들기』 vol. 16에 게재된 칼럼에서

플라스틱 렌즈 하나로
어디에서나 찍히는 '1회용 카메라'

발매되던 1986년에, 나는 히로시마에 있었다. 신상품을 무엇으로 정할까 하고 생각하고 있을 때 이 '1회용 카메라'에 대해서 알게 되었다. 〈후지필름〉의 히로시마점 담당직원과 의논해서, 상품명 「헤벨」이 들어 있는 광고전단지를 〈도룬데스〉(찍는다)에 복대처럼 감은 것을 만들었다. 나는 건축 관계 일을 하고 있었는데, 현장에서 손쉽게 쓸 수 있다고 해서 대단한 인기였다. 눈 깜짝할 사이에 준비해 온 100개 정도가 다 팔렸던 것이 기억난다. 〈후지필름〉의 영업 직원에게 "〈후지필름〉은 이처럼 훌륭한 신제품을 개발하니 훌륭한 회사다."라고 했더니 그 직원은 "아닙니다. 훌륭한 것은 아사히 가세이 회사 쪽입니다. 그래서 주식을 갖고 있습니다." 하고 대답했던 기억이 난다.

개발 동기는 '어린이도 쓸 수 있는 카메라'였다. 카메라를 사용하기 쉽게 만드는 것이 아니라 필름에 렌즈를 붙이면 카메라가 된다고 하는 발상이다. 한편, 싼 가격의 카메라를 가능케 한 것은 비구면 렌즈를 플라스틱으로 제조할 수 있었기 때문이다. 보통 카메라는 유리제 구면 렌즈를 5~10장을 겹친다. 왜냐하면 구면 렌즈의 중심은 엇갈림 없이 빛을 통과시켜 초점을 맺지만,

주변부는 엇갈려 버린다. 이 일그러짐을 수차(收差)라고 부른다. 구면 수차를 없애기 위해서 렌즈를 몇 장씩이나 겹치는 것이다. 한편, 비구면 렌즈는 기계로는 연마할 수 없기 때문에 실용적이 아니었다. 만약 플라스틱일 경우 금형을 한 번 만들어 놓으면, 그 다음에는 몇 개라도 만들 수가 있고, 재료비도 싸다. 그리고 금형이 있으면 비구면 모양도 제작이 가능하다. 이렇게 해서 '1회용 카메라'는 플라스틱의 비구면 렌즈 한 장으로 만들었다. 물론 일본의 정밀도 높은 금형 제조 기술이 실현시켰다는 것도 잊어서는 안 된다.

발매 초기에는 "쓰고 버려 카메라"라고 불리었으나 현재는 100% 재활용하고 있다(1990년 이후부터). 개발 동기인 '어린이도 쓸 수 있다' 보다 오히려 '언제 어디서나 누구든지 사진을 찍을 수 있다' 는 것이 이 상품의 매력이다. 카메라는 값이 비싸고, 더구나 사용하는 데 기술이 필요한 '사진을 찍는다' 고 하는 한정된 행위를 찍는 사람을 생활인 일반으로, 찍는 장소를 일상생활로 넓혔다. 이것은 고객의 '편리한 장면' 이 확대된 것이어서 QOL의 향상으로 이어지는 것이다.

출장지인 플로리다의 호텔 방에 〈One-Time-Use Cameras〉(코닥판 1회용 카메라라는 의미일까?)가 놓여 있었다. 덧붙여 말하면, 이 회사의 사이트(www.kodak.com)에는 "조사에 의하면, 인간은 어디에서나 무엇이든 사진을 찍고 싶어한다고 한다. 우리들은 '1회용 카메라' 를 개발했습니다."라고, 마치 자신의 회사

가 조사를 해본 결과 1회용 카메라를 개발한 것처럼 뻔뻔스럽게
쓰여 있다.

👆 중학생을 흥분하게 만든
　　 '컵라면'

　맨해튼의 집에는 '컵라면'이 항상 준비되어 있다. 컵라면의
종류는 수없이 많지만, 전통적인 '컵라면'이나 해물 컵라면을
제일 좋아한다. 나와 '컵라면'과의 교제는 벌써 30년이나 되었
다. '컵라면' 광고가 타임즈 광장 한가운데의 광고탑 꼭대기에
있다. 그것을 볼 때마다 자랑스럽게 생각한다.
　옛날에「영 오-오-!」라는 프로그램이 있었는데, 그 프로그램에
참가한 시청자가 받는 경품은 흰색의 키타와 컵라면이었다. 흰
색 키타는 알 수가 있었지만, '컵라면'은 무엇인지 알 수가 없었
다. 당시 중학생이었던 나는 친구와 이런 대화를 나누었다.

"저게 뭐지?"
"글쎄, 누드라고 하니까 혹시 어쩌면 ……?"
"사진일까?"
"맞아, 틀림없어."

"그렇다면 컵에 들어 있는 누드 사진인가?"

"그래, 맞아."

"과연 젊은 오빠, 누나들의 프로답다, 얘."

"응, 그래."

"잠깐만, 오빠라면 괜찮지만, 누나에게 누드 사진은 안 되잖아?"

"이런 멍청한 놈, 남자의 누드 사진이겠지?"

"아, 그렇구나. 너, 머리 한 번 좋구나."

"당연하지."

옛날의 중학생은 바보였다는 것을 알 수 있지만(웃음), 다소 내 변호를 한다면, 애당초 국수를 '누들'이라고 부른다는 것을 효고 현 아마가사키 시의 가난한 중학생으로서는 알지 못하는 것도 무리가 아닐 것이다. 이따금 하는 외식도 근처의 분식집이나 우동 가게가 고작이었으니 이 세상에 '누들'이라는 음식이 존재하리라고는 꿈에도 생각지 못했다.

두말할 것도 없이 〈닛신 식품〉의 창업자인 안토 모모후쿠가 세계에서 처음으로 개발한, 뜨거운 물만 있으면 식기도 냄비도 필요 없다는 '모바일(이동)' 인스턴트 라면이었다. 라면을 연구·개발하는 데 5년(1966~1971년)이나 걸렸다. 보다 편리하게 인스턴트 라면을 즐길 수 있게 된 셈으로, 소비자에게 '편리한 장면'이 확대되었다. 따라서 이 상품도 QOL의 향상에 공헌했다고 할 수 있다.

덧붙여 말하면, 맨해튼에서는 보통 슈퍼마켓에 가면 '컵라면'을 살 수가 없다. 일본 식료품 가게나 한국 식료품 가게에 가야 있다. 한국인 대상의 한국산 컵라면은 어느 슈퍼마켓에서나 판매하고 있다. 미국인 대상의 컵라면은 있다. 그들의 식생활에는 맞지 않는 것 같다. 그렇기는 하지만 인스턴트 파스타나 베이글 등도 생겨나면 좋을 것 같은데.

☝ 차이나타운의 슈퍼마켓에 진열된 일본의 과자

슈퍼마켓 얘기가 나온 김에, 맨해튼의 차이나타운에서 발견한 것을 얘기해 보겠다. 그 슈퍼마켓은 차이나타운에 사는 사람들을 고객으로 하는 '보통' 슈퍼마켓이다. 그 곳의 과자 코너에서는 일본의 슈퍼마켓이 아닐까 하고 착각할 정도로 일본제 과자가 대행진을 벌이고 있었다. 베이비 스타 라면, 삼각콘, 구미, 아라레, 안빵만 센베이 등 선반만 보고 있으면 자신이 서 있는 장소가 맨해튼이라는 것을 잊어 버리게 된다. 먹는 것에 까다로운 차이나타운의 고객에게 지지를 받고 있기 때문에 그런 선반

구성이 되었을 것이라고 생각해도, 단순한 일본 편들기라고 할 수만은 없을 것이다. 그렇다면 맨해튼에 사는 미국인이 찾는 보통 슈퍼마켓에 있는 과자는 대개 포테이토칩, 콘칩, 캔디(초콜릿 과자), 드롭스, 초코바 등이다. 과자의 종류는 일본 쪽이 압도적으로 많다.

🖐 하와이에서 발견한 간장

'간장'은 문화이다. 세계 음식문화의 기본이 되는 하나의 카테고리를 만들고 있다. 외국에서 살게 되면, 자기 속에 있는 일본이라는 것을 자각하게 되는데 간장도 그렇게 해서 발견한 나 자신 속의 일본이었다.

작년 말 호놀룰루에 출장을 갔다가 호텔 레스토랑의 테이블에 「알로하 간장」이 놓여 있는 것을 발견했을 때 '기쁘다'는 기분이 생겼다. 그 감정은 일직선으로 날아오는 직구였다. 알로하 간장병은 눈에 익은 '기코망'의 탁상병이었다.

뿌리를 더듬어 올라가면, 조몽 시대까지 거슬러 올라갈 수가 있겠지만, 현재와 같은 간장이 된 것은 전국 시대이고, 또한 양산하게 된 것은 에도 시대이다. 대도시 에도의 근교에 있는 노다와 쵸시가 간장의 산지가 되었다.

노다는 에도 강과 도네 강을 이용한 교통편이 좋았는데 간토평야에서 많이 생산되는 간장의 원료인 콩이나 밀 그리고 에도 강 하구의 고도쿠에서 채취한 소금을 운반하는 데 가장 적합한 곳이었다.

또한 간장의 최대 소비지인 에도에도 에도 강을 따라 내려가면 반나절이면 갈 수가 있었다. 이와 같이 지리적으로 타고난 노다는 에도 막부의 발전과 함께 '간장 제조의 도시'로 발전해 갔던 것이다.

– 기코망의 웹사이트(www. kikkoman.co.jp) 간장의 뿌리를 찾아서에서

기코망 간장도 1600년대에서 그 뿌리를 찾아볼 수가 있다. 현재는 세계 각국에 제조와 판매 거점을 마련하고 있다.

☝ QOL 퀘스트

'기코망'과 간장으로부터 우리는 무엇을 배울 수 있는가? 그것은 '문화 발신'이라는 점이다. 비즈니스의 비전은 상품을 파는 것이 아니라 생활의 질을 높이는 것이라고 앞서 말했듯이 '기코망'의 기업 자세는 바로 거기에 있었다.

지금까지 거론해 온 상품이 모두 물건뿐이었기 때문에 독자

들 가운데는 "나는 유통업에 있으니까 약간 다르다.", "나는 e 비즈니스를 하고 있으니까 그다지 참고가 되지 않는다."는 식으로 생각하면서 읽어 온 사람이 있을지도 모른다.

그러나 여기서 잠시 책 읽기를 멈추고 생각해보기 바란다. 이 책의 여행 목적은 QOL을 실현하기 위한 비즈니스를 추구하는 것이다. 드래곤 퀘스트가 아닌 QOL 퀘스트(생활의 쾌적함 추구)인 것이다. 그런 관점에서 이 절의 사례를 살펴보면 각 기업의 비전에 명확히 나타나 있는 것을 알 수 있다.

포카리스웨트
일상생활에서 땀으로 잃어 버린 수분과 전해질의 보급

카오우
청결하고 아름답고 건강한 매일을 지향하여

야쿠르트
우리들은 생명 과학의 추구를 기반으로 하여 세계인들의 건강하고 즐거운 생활 설계에 공헌한다

또한 '1회용 카메라', '컵라면'은 모두 이동성으로 고객의 편리함을 확대시킴으로써 생활의 질 향상을 실현하고 있다.

롱 셀러는 QOL 퀘스트와 비전이 있기 때문에 롱 셀러가 될 수 있었던 것이다.

‘처방전 2’는 롱 셀러한테 배우는, QOL 퀘스트라고 하는 기업 비전이다. 헛되이 단기 유행을 좇는 것을 그만두자. 느리게, 침착하게 일을 하자.

Lessons learned

롱 셀러한테 배우기 위해 당신이 할 수 있는 것

1. 유행을 지향하는 것을 그만두자.
2. 차분히 상품을 키워 나가자.
3. QOL 퀘스트를 비전으로 삼자.

마케팅은 수단, 비전은 QOL

사카모토 게이이치(마케팅 컨설턴트)
모리 유키오(시스트랫 코퍼레이션 대표이사)

"왜 뉴욕에 살고 있습니까?" — 흔히 물어오는 질문이다. "신흥 닷컴이 화려하게 활약하고 있는 실리콘 밸리를 걸어서 갈 수 있으니까.", "마케팅의 최신 조류에 접촉할 수가 있으니까." — 이것이 나의 대답이었다. 그러나 2000년 말부터 나의 내부에서 위화감이 꿈틀거리기 시작했다. "애당초 닷컴이 이 세상에 제공하고 있는 가치는 도대체 무엇인가? 또 이 정도로 제품이나 서비스의 품질이 나쁜 미국에서 생겨난 마케팅에는 도대체 어떤 가치가 있는가?" 그러던 중에 선배 컨설턴트인 모리 유키오의 저서 『심플 마케팅』에서, 다음과 같은 말을 발견했다. "인터넷으로 돈을 벌려고 생각한다면 '인터넷으로 돈을 벌려고 하고 있는' 상대에게 장사를 하는 것이 가장 돈이 잘 벌린다." 재미있는 말이다. 모리 씨를 당장 만나서 그 위화감의 해답을 찾아보고 싶어졌다.

모리 씨는 입을 열자마자 이렇게 단언했다.

"닷컴은 야무지지를 못합니다. 자신들에게 부족한 것은 돈뿐이고, 돈만 있으면 모든 것이 잘될 것이라고 생각하고 있습니다. 말도 안 됩니다. 비즈니스를 얕잡아봐서는 안 됩니다."

담배 연기와 함께 모리 씨는 기염을 토하기 시작했다.

얕잡아 보지 말라! 🌙

사카모토 : 닷컴은 '비즈니스의 새잎' 이니 관대하게 봐 달라고 하는 면이 있잖습니까?

모리 : 비즈니스를 얕잡아봐서는 안 됩니다(웃음). 기업이라면 Plan, Do, See를 올바르게 행하는 것이 원칙입니다. P&G나 JT와 같은 대기업도 그 부분에 대해서는 엄격합니다. 그런데 닷컴만이 하지 않아도 되는 이유는 하나도 없습니다.

사카모토 : 그러나 일본 경제에 좋은 재료가 적은 가운데서 닷컴에게는 꿈을 빙자하는 부분이 있지 않을까요?

모리 : '꿈을 갖는 것' 과 '공격하는 것' 을 바꾸어 생각하고 있는 거에요. 비즈니스의 원칙은 같은 것인 데도 말입니다. 다만 야망만 키운다고 되는 것은 아니지요.

사카모토 : 게다가 바람기가 있는 투자가가 문제를 크게 만들어 버렸습니다. 실리콘 밸리의 투자가는 경영에 서툰 창업자들에 대한 가정 교사 역할도 수행하고 있으니까요.

모리 : 그래요. 인큐베이터로서의 역할이지요. 일본에는 없어요.

사카모토 : 10년 전이라면 토지를 굴리고 있던 사람들이 투자가로 행세하고 있었으니까요. 그 뜻이 낮을 수밖에요.

모리 : 다만 기업이라는 것은 닷컴이든 아니든 95%가 5년 이내에 망해 버립니다. 설립한 지 1년째에 70%, 3년째에 20%, 5년째에는 5%의 기업만이 살아 남을 수 있다구요. 닷컴만이 90% 살아 남는다는 것은 있을 수가 없습니다.

EC 시장의 진짜 모습은 🌙

사카모토 : EC 시장을 지나치게 크게 보고 있지는 않습니까? 앞서가고 있는 미국조차도 1999년도 실적이 200억 달러, 전 소매업에서 온라인 판매가 차지하는 비율은 불과 0.9%밖에 안 됩니다. 하물며 일본에서는 …….

모리 : 그렇습니다. 시장 규모를 잘못 파악하고 있습니

다. 예를 들어 보통의 통신판매의 경우 인구의 불과 5%
의 소비자가 그 2조 엔 시장을 떠받들고 있다구요.

사카모토 : 겨우 5%라구요!

모리 : 그래요. 이 '5% 룰' 이라는 것은 그 밖에도 또 있
는데 건강식품 시장도 불과 5%의 소비자가 이용하고 있
습니다. 자기 자신의 경우를 돌아보면 됩니다. "이전에
통신판매로 쇼핑을 한 것은 언제였더라?" 하고요. 그다
지 많이 사지 않았을 것입니다. 즉 통신판매를 좋아하는
사람은 한정되어 있습니다. 그런데도 누구나 쇼핑을 하
고 있는 것처럼 생각하는 것은 왜일까요?

사카모토 : 한정된 작은 시장 속에서 브랜드 스위치를 하
고 있을 뿐입니다. 시장의 크기는 달라지지 않아요.

모리 : 더구나 '5% 시장' 을 확대시키려고 하고, 또 할 수
있다고 믿고 있어요. 어떤 시산(試算)에 따르면, 3년 후
(2004년)에도 온라인 쇼핑 인구는 1.1%밖에 안 됩니다.
그런 것은 수십 만 엔을 써서 조사해 보면 금새 알 수 있
는 것인데도 수십 억 엔의 돈이 투자되고 있어요. 마이너
스의 사회적 영향은 매우 큽니다.

사카모토 : 확실히 B2C에서 팔리고 있는 것은 어느 것이
나 통신판매용 상품이더군요.

모리 : 그래요. 그것 이외의 상품은 그다지 팔리지 않는
다구요!

사카모토 : 그렇게 생각하면, 현실 세계에서 할 수 있는 것을 우격다짐으로 EC라고 하는 좁은 점포에 밀어 넣었다는 인상이 드는군요.

'손을 없는' 감각

사카모토 : 디지털 세상의 '문법'이 이상하게도 현실에 침투해 들어오기 시작한 경우는 없습니까? 빌 게이츠가 『사고 스피드의 경영』에서 "고객 자신이 스스로 모든 것을 하는 것이 이상적인 인터넷 활용법"이라는 내용의 말을 했는데, 정말로 그럴까요? 예를 들어 어떤 은행에서 온라인 뱅킹을 하려고 하면, 등록 용지에 보낼 곳의 계좌번호는 물론이고, 은행이나 지점 코드까지 고객이 스스로 기입해야 합니다. 지점 코드 같은 것은 아무도 모르는데요(웃음).

또한 웹사이트에서 물건을 살 때 상세한 고객 정보를 기업에 제공하지 않으면 안 됩니다. 기업 측은 고객 속성을 손에 넣고 좋아할지도 모르지만, 이것도 아마추어화를 촉진시키고 있는 것 아닙니까? 길을 모르는 택시 운전기사가 많은 것으로 대표되는 것처럼 그렇지 않아도 사회 전체가 아마추어화되고 있습니다.

모리 : 본래 현실에 아마추어화의 경향이 있었는데, 거기

에 디지털 세상의 아마추어화가 뒤섞이기 시작하고 있습니다. 은행의 서비스는 그 전형입니다.

사카모토 : ATM(자동 현금 인출기)의 수수료 등은 오히려 고객이 받고 싶을 정도라구요.

모리 : 접객 하나를 들어 보더라도, 매뉴얼이 질을 떨어뜨리고 있는 부분이 상당히 많다고 생각합니다. 지금 사원 교육에 돈을 들이고 있는 기업이 가장 사치스럽다고 할 수 있습니다. 이전에 〈구마모토〉에 갔을 때 맥도널드 이외의 모든 패스트푸드점에서 거스름돈을 건네줄 때 손을 살며시 얹는 것입니다. 처음에는 우연일 것이라고 생각했으나 세 차례나 계속되어 마지막 가게에서는 "어째서 그런 일을 하느냐?"고 물었더니, 점원은 대답하지 못했습니다. 왜냐하면 그 고장의 당연한 습관에 무의식적으로 따르고 있을 뿐이었으니까요. 교육이나 매뉴얼에 의해서 몸에 익힌 것이 아닙니다.

사카모토 : EC에서도 바로 그렇습니다. 대면 판매의 따스함을 갖추고 있는 곳이 잘되고 있습니다.

모리 : 그래요. EC 모두가 잘못된 것이 아니고, 현실에서 노력하고 있는 것을 그대로 인터넷에서도 노력하고 있는 점포는 잘되고 있습니다. 주문 방법을 복수화한다든가, 3행의 질문 메일에 대해서 100행의 대답과 상품 카탈로그를 첨부해서 보낸다든가 말예요.

사카모토 : 장사니까 현실이든 EC든 마찬가지입니다. 현실에서 10개밖에 팔지 못한 것을 EC에서 100개가 팔릴 이유가 없습니다. 우선 배달하고 싶은 가치(What)를 제대로 만들고 나서, 그것을 어떻게 파는가(How)가 와야 하는 것입니다.

모리 : 본래 좋은 물건을 만들어서 제대로 팔면 그것으로 좋은 것입니다. 일본식 마케팅은 원래 물건으로부터의 발상이었습니다. 물건과 고객의 접점이 중요하지요. 다만 앞서 말한 EC 시장의 과대 평가에서도 알 수 있듯이 인간은 근시안적으로 사물을 보는 경향이 있습니다. 예를 들어 간호사는 매일 환자를 보고 있기 때문에 이 세상 사람들이 전부 병자로 보이는 경우가 있습니다(웃음). 어디까지나 특수한 인간이 특수한 일을 하고 있을 뿐이라고 하는 균형 감각이 필요합니다. 중요한 것은 생활인의 관점을 갖는 것입니다.

일본판 EC를 위해서

사카모토 : 어떻게 하면 균형 감각을 몸에 익힐 수 있습니까?

모리 : '스토커 작전'이라고 부르는 것이 있어서(웃음), 150명의 고객의 뒤를 쫓아다녀 보는 것입니다. 어떤 음

료를 마시고, 어디서 물건을 사는가를 체크해 보십시오. 그러면 자기 자신 속에 있는 고정화된 생각이 파괴되고, 고객의 참다운 모습이 떠오릅니다.

사카모토 : 균형 감각에 더해서 상상력도 필요하겠지요. 하지만 현실의 비즈니스 현장에서는 상상력이 결여되어 있는 경우가 많더라구요! 예를 들어 JR 하마마쓰쵸 역은 하네다 공항의 모노레일과의 접속역인데도 여행 가방을 가진 고객이 사용하는 것을 전제로 한 설계가 되어 있지 않고 계단밖에 없습니다.

모리 : 가설 구축력이 중요합니다. 이것은 특히 어려운 것이 아니고, 상대방의 입장이 되어서 생각하는 것입니다. 상대방이 싫다고 생각하는 일을 하지 않는 것은 당연한 일이지요.

사카모토 : 인간과 인간 사이의 일이니까요. 예를 들면, 편의점의 POS는 구입한 상품에 대해서는 알 수 있지만, 사지 않은 상품이나 망설였던 상품에 대해서는 알 수가 없습니다. 중요한 것은 이 사지 않은 상품과 같은 중간 영역이거든요.

모리 : 상품을 살 사람들은 기계로 알 수가 있지만 그 주변에 있는 것을 찾으려면 인간의 상상력이 필요하단 말입니다.

사카모토 : 고객의 소리를 듣는 것은 좋은 일이라고 하지

만, 그것만으로는 안 됩니다. 기업의 책무는 새로운 가치를 제안하는 데 있을 것입니다.

모리 : 한마디로 말해서, 마케팅은 어디까지나 연결 고리입니다. 나도 어떤 상품을 현상의 20배까지는 팔 자신이 있습니다. 그러나 그 이상은 무리입니다. 최후는 상품 자체가 제공하는 가치 여하에 달려 있습니다. 기본은 물건 만들기이고, 기본은 새로운 기술이나 재료입니다. 다만 그런 획기적인 것들은 여기저기서 튀어나오는 것이 아닙니다. 평범한 사람을 써서 기업 활동을 해 나가지 않으면 안 됩니다. 거기에 마케팅이 있는 것이라고 생각합니다.

사카모토 : 소비자와 기업의 접점을 채우기 위해서 마케팅이 있는 것이며, 마케팅은 어디까지나 수단입니다. 수단이 목적화되어서는 안 됩니다. 생활의 질을 높이는 것을 비전으로 삼고 싶습니다.

-『인터넷 매거진』, 2000년 6월호에서

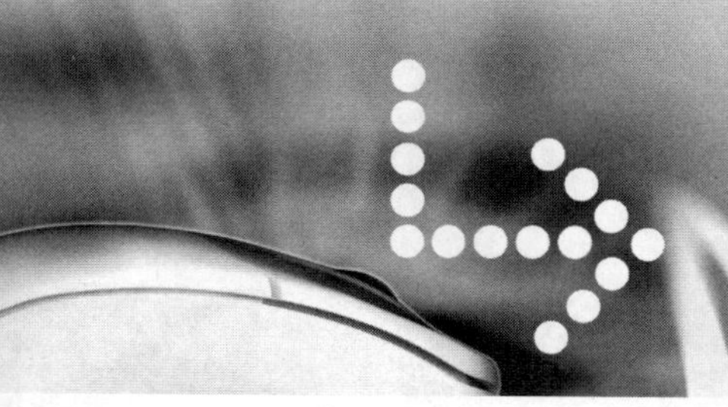

장인의 지혜에서 배우자

디지털 시대이므로 5감을 재평가함으로써
제품과 서비스의 정밀도를 높일 수 있다

"장인(匠人 : artisan)의 지혜라고? 제기랄, 또 물건 만들기인가?" 아니다. 결코 그것만이 아니다. 어디까지나 '장인' 의 '지혜' 에 관한 이야기이다.

본론으로 들어가기 전에, 우선 '디지털이니까 바로 아날로그' 라는 어떻게 보면 역설로 보이는 테마를 생각해보자.

👆 디지털이니까 아날로그

IT 혁명이 소리 높이 외쳐지면, 아무리 해도 디지털 세상으로만 사물이 완결되는 것처럼 착각을 느끼지만, 인간의 영위는 그렇게 한쪽 방향만으로 기우는 것은 아니다.

옛날에 YMO(Yellow Magic Orchestra) 그룹이 흥행하고 있었을 때, 전자적으로 음 처리를 할 수 있는 그들인데도, 사람이 드럼을 치고 있는 것에 대하여 나는 의문을 갖고 있었다. 비트를 정확히 새기기만 하는 것이라면, 기계로 하는 것이 피로하지도 않고 실수도 없을 것이라고 생각했다. 일부러 인간이 하는 의미를 알 수가 없었다. 그런데 지금 와서 알게 되었지만, '인간이기 때문에' 분위기의 조성과 음 만들기가 생겨나는 것이리라. 또 그렇기 때문에 인간이 드럼을 치는 쪽이 좋았던 것이다.

그 YMO의 멤버였던 사카모토 료이치가 〈소니〉사의 이데이 신지와의 대담에서 흥미 있는 말을 하고 있다.

음악가들 가운데 지금은 이미 악기를 연주할 수 없는 음악가도 많이 있지만, 나는 연주를 할 수 있기 때문에 그것으로 돈을 벌 수 있습니다. 이른바 대량생산되는 미디어 또는 디지털 정보로 뿌려져 버리는 것으로부터 거의 돈을 거둬들일 수 없을 경우 가장 원시적인 아날로그적 방법으로 퍼포먼스하면 사람들이 모여들어서 가까스로 돈을 벌 수가 있습니다.

처음부터 인터넷상으로 아티스트가 된 사람이나 컴퓨터 그래픽스 아티스트 등은 퍼포먼스가 없기 때문에 어떻게 돈을 거둬들일지 곤란할 것입니다.

― 이데이 신지 : 『혼미의 시대에 ― 네트워크 사회의 원심력과 구심력』에서

실제로 디지털만의 퓨어 플레이 경영은 대단히 곤란을 겪고 있다. 맨해튼 같으면 한 시간 이내에 어디로든 상품을 배달하는 '컨비니언스의 혁명'을 목표로 한 온라인 텔리버리 숍〈코즈모 : www.kozmo.com〉도 2001년 4월 11일, 점포를 닫고 1100명의 사원들을 그날로 해고했다(로이터 통신에 의함). 나는〈코즈모〉를 애용하고 있었고, 세미나에서도 자주 그 사례를 들고 있었기 때문에 큰 충격을 받았다.

그 유명한〈아마존〉도 흑자 전환을 이룩하지 못하고 있다. 디지털 세계에서만 살아나가는 것이 어렵다는 것에 이의를 제기할 사람은 없을 것이라고 생각한다. 흐름은 역시〈카오우〉의

특별고문인 도키와 후미가츠가 말하는 것처럼, 'e on t', 즉 전통적인 비즈니스 위에 'e'가 있는 방향이다.

> 현재, e 비즈니스는 시대의 스타처럼 인기를 만끽하고 있으나, e만으로는 조만간 한계점에 부딪치게 될 것이라고 생각한다. 〈아마존〉의 현상에서 볼 수 있는 것처럼 인터넷상의 수주와 결제 등 소프트의 구조뿐만 아니라 생산과 물류 등 하드의 인프라가 정비되지 않으면 성공은 기대할 수 없다. 그렇지 않으면 e 비즈니스의 e는 'electronic'의 e가 아니라 'empty'의 e가 될지도 모른다.
>
> 반대로 t(traditional) 비즈니스, 즉 비즈니스 인프라를 완비하고 있는 종래의 전통적인 기업이 e 비즈니스를 도입하면, 본업의 폭이 넓어지고 깊이가 더해질 가능성이 높다. 튼튼한 하드의 인프라 위에 e 비즈니스를 결합시킬 수 있기 때문이다. e 비즈니스의 변화에 대응하지 못하는 기업은 소멸한다고 주장하는 전문가도 있으나, 과연 그렇게 단언할 수 있을까? 그 갈림길은 t 위에 적절히 e를 태울 수 있느냐 없느냐에 있다. 즉 'e on t' 비즈니스를 성공시킨 기업이 앞으로 강한 기업이 될 것이라고 믿는다.
>
> — 도키와 후미가츠 : 『'질'의 경영론』에서

인간의 5감이 제조 정밀도를 떠받치고 있다

내가 지금 사용하고 있는 것은 〈IBM〉사의 PC인 싱크 패드이다. 시가 현에 있는 이 회사의 공장을 견학한 적이 있다. 키보드를 만드는 라인을 보았는데, 최종 품질 검사를 사람이 육안으로 하던 일이 인상적이었다. 그리고 던롭 골프공 생산 공장에서도 그랬는데, 생산 라인의 마지막 단계에는 사람이 육안으로 일일이 제품 하나하나를 체크하고 있었다. 이것은 일본의 많은 공장에서 행해지고 있는 방식으로, 매뉴얼화할 수 없는 것이다.

내가 근무했던 〈아사히 가세이〉의 헤벨 건재 공장에서도 제조의 최종 라인에서 작업자가 망치를 들고서 눈과 촉감으로 체크를 했다.

또 세계의 톱 기업인 〈이시카와지마 하리마 중공업〉의 조선 기술을 떠받치고 있는 것은 평면의 판(2차원)을 '구부려서 갖다 붙이는' 3차원으로 바꾸는 숙련된 기술이다. 이 기술은 열을 가하면서 구부리고, 구부리면서 갖다 붙이는 기술인데, 이것은 매뉴얼로는 할 수가 없다. '적당한 상태'라는 미묘한 기술이다.

유럽의 조선소에는 이런 기술이 없다. 이러한 그들에게 일본의 기술자가 기술을 전수하려고 할 때 온도는 몇 도로 하느냐,

갖다 붙일 때의 속도의 수치는 얼마인가 등 디지털적으로 물어 오지만, 대답을 해줄 수가 없다. '적당한 상태'인 언어화가 불가능한 암묵적인 지식이기 때문이다.

그렇다면 유럽에서는 어떻게 하고 있는가? 평면의 판을 다각형으로 갖다 붙일 수밖에 없다. 그러면 굴곡의 영향이 커서 필요한 성능을 얻을 수가 없다.

👆 100분의 1밀리미터의 세계

〈마츠다〉의 금형 마무리에서 미크론 주문의 정도를 확인하는 것은 이 방면의 30년 베테랑 기술자의 눈과 촉진이다. 그것만으로 한 눈금이 '100분의 1밀리미터'인 측정기라는 결과를 얻을 수 있다. 아무래도 제조 현장에는 '100분의 1밀리미터'의 세계가 존재하고 있는 것 같다.

『마을 공장, 초일류 제품 만들기』라는 책은 선반공으로 일하는 멋쟁이 작가 고세키 도모히로가 쓴 현장에서 본 물건 제작의 철학서인데, 이 책에 실린 '100분의 1밀리미터의 세계' 에피소드를 소개하겠다.

 당신과 나, 누구의 머리카락이 굵은가?

당신의 머리카락과 누군가 다른 사람의 머리카락을 양손의 엄지손가락과 집게손가락 끝으로 집어 들고 빙글빙글 돌려 본다. 누구의 머리카락이 굵은가(또는 가는가) 우선 알 수 있을 것이다. 이것이 바로 100분의 1밀리미터의 차이를 체감하는 것이다. 사람의 머리카락의 굵기는 대체로 100분의 7밀리미터에서 8밀리미터의 범위이다. 그러므로 굵기의 차이를 안다는 것은 100분의 1밀리미터를 손가락 끝의 촉감으로 알 수 있다는 것을 의미한다.

 소목

소목이란 전통적인 목공 기술을 구사하여 정밀한 목공 제품을 만드는 사람이다.

말크스 형제의 영화 「말크스 쌍권총 : Go West, 1940년」에서 허포가 장농 서랍을 밀어 넣자, 다른 서랍이 쑤욱 튀어나오는 장면이 있다. 튀어나온 서랍을 밀어 넣으면 또 다른 서랍이 튀어나온다. 여러분도 똑같은 일을 장농에서 경험했을 것이다. 이것은 제품의 정밀도가 뛰어난 것을 의미한다. 소목장이가 대패로 민 대학 노트 크기의 판자는 '10장이나 12장이 딱 들어맞아서 맨 위의 한 장을 들어올리면 밑에까지 전부가 올라오는 것 정도는 식은 죽 먹기라고 한다.' 이것이 바로 정밀도 100분의 1밀리미터의 세계이다.

👆 손재간이 아니라 지혜

이와 같이, 일본의 제조 현장에서 제조 정밀도를 떠받치고 있는 것은 5감에 뒷받침된 인간인 장인의 기술이다. 물론 '숙련'을 나중 세대에게 전하기 위한 연수 제도는 〈마츠다〉를 비롯한 각 회사마다 갖추어져 있다.

매뉴얼로 그런 일이 가능하다고는 생각하지 않는다. 처음부터 매뉴얼 같은 것이 없다. 회사가 하고 있는 일은 그러한 인간의 기술을 소중히 하고 육성하며 인간에게 투자를 하는 것이다.

어디까지나 중요한 것은 '손끝의 재주'와 같은 신체적인 부분이 아니라 지혜의 부분이라는 것을 강조해두고 싶다. 이 단락의 제목을 '장인의 기술'이라고 하지 않고 '지혜'라고 한 것은 그런 의미가 있다. 요리를 예로 들어 보자. 요리법을 보면, 누구나 맛있는 요리를 만들 수 있는가의 대답은 그렇지 않다. 그럼, 무엇이 중요하냐 하면, '말로는 할 수 없지만, 분명히 거기에 필요한 것', 즉 '지혜'이다.

다시 고세키 도모히로의 말을 인용해 보겠다.

　숙련이라는 말을 손끝의 재주라고 하는 좁은 의미로 착각을 하고 있는 사람들이 많다. 그러나 숙련공은 손끝 재주가 있는 사람이 아니다. 그런 재주라면 반복 훈련을 하면 얻을 수 있다. 그런데 지혜는 훈련만으로는 얻을 수가 없다. 왜냐하면 '적절하게 처리하는 능력', 즉 문제에 직면했을 때 그 문제를 해결하는 능력이며, 더구나 그것은 '인격과 깊이 결부되어 있는' 것이기 때문이다.

– 고세키 도모히로 : 『마을 공장, 초일류 제품 만들기』에서

제품 만들기뿐만이 아니다

'제품 만들기'에만 지혜가 있는 것이 아니다. 다른 장르에서 '장인'의 지혜를 찾아 보자.

롤링 스톤스의「앤지(1973년)」: 왼쪽 스피커에서 믹 재거의 메인 보컬과는 약간 엇갈린 타이밍으로 녹음된 같은 가사를 노래하는 보컬이 흘러 나온다. 레코드상에서는 잘 들리지만, CD상에서는 귀를 기울이지 않으면 알아차리지 못할지도 모른다.

◐ 우다다 히카루의 「Movin' on without you」: 전부해서 6
회, 가사집에는 "호가타!"(처럼 들리는데 꼭 그대로는 아니다)라고
하는 '장단' 이 들어 있다. 가사로 말하면, "말도 안 되는 알리
바이 ☆ 모르는 체는", "안타까워할 생각은 ☆ 없었는데"(3회),
"내가 ☆ 헤어져 주겠어", "당황해하면서도 ☆ 좋으니까"의,
'☆' 의 부분에 '장단' 이 들어가 있다.

　믹 재거와 우다다 히카루는 곡의 세계를 표현하기 위해 아마
도 '깊이 생각하는 일 없이', '자연스러운 발상으로' 이것들을
집어 넣었을 것이라고 생각한다. 천재이기 때문이라고 할 수 있
겠지만, 이것들도 '장인의 지혜' 이다.

◐ 내가 '스승' 으로 삼고 있는 톰 피터스의 『경영 파괴,
Crazy Times Call for Crazy Organizations, Vintage』는 "크레이
지로 나가라!", "조직 같은 것은 모두 부셔 버려라!"고 외치는
과격한 '상식 파괴의' 비즈니스 책이다. 또한 톰 피터스 자신도
책을 만들 때, 종래의 비즈니스 책의 상식을 깨뜨렸다. 사진이
나 삽화를 산더미처럼 집어 넣은 것이다. 그리고 사진은 인물,
그것도 일반적으로는 표면에 나서지 않는 예를 들면, 〈리츠 칼
튼 호텔〉의 하우스 키퍼 등 그런 인물뿐이었다. 기계적이고 차
가운 조직이 아니라 거기에 생생한 인간의 숨결을 불어 넣으라
고 주장하는 책 자체가 유언실행(有言實行)하여 인물 사진을 많
이 사용해서 호소하고 있다. 이것이야말로 전혀 새로운 시도이

며 새로운 지혜이다.

◱ 밥을 맛있게 짓기 위해서는 밥이 맛있게 되도록 쌀을 씻지 않으면 안 된다. 단지 물을 넣고 마구잡이로 휘저으면 되는 것이 아니다. '밥을 잘 짓는 선수'가 쌀을 씻고 있는 모습을 보면 휘젓고 멈추고 휘젓고 멈추고를 되풀이하고 있다. 이 '멈춤' 때에 쌀에 압력을 가한다고 한다. 이러한 행동을 통해서 쌀의 겨를 없애 밥을 지었을 때 쌀에서 달콤한 맛이 나온다. 그야말로 '할머니의 지혜 주머니' 적인 '지혜' 이다.

◱ 손바닥의 따스함. 모리 유키오와의 대담에 나오는 '구마모토' 의 에피소드. 거스름돈을 건네줄 때 손을 살며시 얹는 동작은 어떤 행동 규칙이 있는 것이 아니다. 지점장이나 경영자의 지시를 받고 하는 것도 아니다. '자연히', '무의식중에' 하고 있는 것이다. 문화가 시키고 있다. 이러한 문화는 오랜 세월 동안 그 고장의 지혜가 축적되어 거기에 사는 사람들의 DNA에 깊이 새겨져 있는 것이 아닐까?

이상과 같이, 제품 만들기가 아닌 장르에서도 '장인' 의 지혜를 발견할 수가 있다. 몇 번이고 다시 강조하지만 지혜가 중요한 것이다.

그런데 그 지혜가 전승되어 일에 활용되기 위해서는 '손을 살

머시 얹어 거스름돈을 건네주는' 동작이 구마모토 사람들의
DNA에 남아 있는 것처럼 환경이 열쇠가 된다. 직업관, 경력,
사회환경에 대해서 생각해보기로 하겠다.

히로스에 료코의 직업관

TBS계 도시바 일요 극장에서 방영되고 있던 「아버지」는 다무
라 마사가즈, 구로키 히토미, 히로스에 료코, 미즈노 미키 등이
출연한 인기 드라마이다. 나는 그 드라마에서 현대 일본의 직업
관을 보았다. 드라마의 주제는 구세대를 대표하는 아버지 다무
라와 신세대인 자식들 사이의 갈등을 통해서 가족과 가족 구성
원 각 개인의 삶을 찾는다는 것이다.

장남은 개인병원장인 아버지로부터 병원을 물려 받으라고 하
자 반발하고, '자기가 하고 싶은 일을 찾기 위해' 집을 뛰쳐 나
가 자동차 정비공으로 일하기 시작한다.

이 '자동차 정비공' 이라는 직업에 대한 '직업관' 은 드라마
속에서는 모두들 일관되게, "여기는 모든 것을 바쳐서 일할 장
소가 아니다."라는 것이다. 의사이며, 전형적인 '오야지' (구세
대를 표현)인 부친은 둘째치고, '젊은이' (신세대를 표현)인 여동
생 (히로스에)과 장남의 친구도 한결같이, '이런 곳에서 일하며

기름투성이가 되어서 불쌍하다.' 고 생각하고 있다.

하지만 당사자인 장남 본인은 그렇지가 않다. '나는 여기서 끝까지 버티겠다.' 고 생각하더니 어느새 본인조차도 어디까지나 임시 직업이라고 생각하고 있다. 본래의 동기가 '자신이 하고 싶은 것을 찾기 위해' 집을 뛰쳐 나와 독립하는 수단으로 얻은 직업이니 어쩔 수는 없겠지만 말이다. 공장에서의 동료는 비록 1~2명이지만 모두 외국인이고, 그 밖에 등장인물인 경영자 같은 사람과 선배 한 사람이 나오는데 그들은 모두 일본인이다.

한편, 히로스에가 연기하는 차녀는 전문대를 중퇴했는데, 그녀도 자신이 무엇을 하고 싶어하는지 잘 모르고 있다. 닥치는 대로 아르바이트를 하지만, 손재간이 없어서 모두 오래 계속 하지를 못한다. 취직 시험을 보지만 실패의 연속이다. 본인은 '전문대 중퇴' 라고 하는 학력 탓이라고 믿고 있다. 내 생각으로는, 그녀가 취직을 못 하는 이유는 학력 때문이 아니었다. '자신이 무엇을 하고 싶은지' 모르기 때문이다. 요컨대, 히로스에는 장남과 마찬가지로 '무엇을 하고 싶은지 모르기' 때문에 아르바이트를 하거나 취직 시험을 보거나 우왕좌왕하고 있다. 전형적인 프리터이다.

내가 문제시하는 것은, 이 집에서는 아버지가 시끄럽기 때문에 모두들 불편하게 느끼고 있지만, 사회 전체에 비추어 보면, 프리터 용인론이 된 것이 아닐까 하는 점이다.

☝ 도라는 '골칫거리' 인가?

NHK의 아침 연속극, 「츄라 씨」의 시작 부분의 무대로 되어 있는 1980년대에는 장남이 집을 나와 정처 없이 빈둥거리고 있는 것을 가족이 '문제시' 하고 있다. 장남 본인도 '그러한 자신이 문제' 라고 생각하고 있다. '세간' 에서도 그렇게 생각하고 있다. 이 장남의 행동 때문에 생각이 났는데, 〈후텐〉의 도라도 여기저기 방랑하고 있기 때문에 '후텐' 이라고 불리고 있었던 것이다. 도라 씨가 활약하고 있던 사회에서는 그렇게 '빈둥거리고 있는 사람' 은 '골칫거리' 였던 것이다.

그런데 현대 일본에서는 그렇지도 않아서 '아르바이터' 라고 하는 '직업' 이 생겨났다. 모리 씨의 말대로, '현재의 일본에는 웨이트리스라는 직업은 없는 것' 이다. 모두가 아르바이터인 것이다.

무엇이 문제인가? 가라츠 하지메(도카이 대학 교수)의 말을 인용해본다.

（젊은이들 사이에 만연하는 이질적인 직업관을 지적하여） 그 대표적인 것이 '프리터'이다. 이것은 제대로 된 직업종사자라고 할 수 없다. 프리터란 나쁘게 말한다면, '건달'의 일종이다. 프리터의 최대의 문제는 모처럼의 현장 경험을 자신 속에 축적하지 않으며, 축적할 수 없다는 점이다.

기술자의 경우, 입사해서 5~10년간은 자신의 능력을 연마하고, 기술을 몸에 익히는 중요한 기간이다. 기술은 실천적인 일을 통해서만 익숙해지게 된다.

그런데 문제의 프리터는 일을 끝까지 추구하는 일도 없고, 자신의 능력 향상에 의욕을 보이지도 않는다. 적당히 하청의 일을 해내고 있다. 거기에서는 절대로 제몫을 하는 인간이 자라날 수가 없다. '숙달된 인간'이라는 말과는 인연이 없는 것이다.

– 가라츠 하지메 : 『'제품 만들기'는 국가다』에서

그 다음에 가라츠는 이 '프리터'를 매스컴이 마치 유행의 첨단을 가는 것처럼 치켜 세우는 풍조가 있기 때문에 프리터에게 '면죄부'가 붙고, 제조업 현장에서 일하는 근로자의 나이가 고령화되어 온 현상을 우려하고 있다. 그것은 확실하다. 하지만 반대 방향에서 볼 수는 없을까?

아르바이트의 직종은 〈아르바이트 직종 사전 : www.froma.com〉을 보면 15종류가 있으며, 제조 방면은 그 가운데 하나밖에 없다.[4] 편의점에서 아르바이트를 함으로써 접객의 현장이나 선반 배치의 어려움이나 재미를 아는 것은 본인에게 경험의 축적이 될 테니까 결코 무의미한 일은 아니라고 생각한다. 그렇다고 한다면, '조직에 속하지 않고, 개인이 업무를 수행하는 전문가로서 사는' 생활태도를 허용하는 사회라면 프리터도 문제가 되지는 않는다. 오히려 사회가 조직을 존중하고 있으니 프리터 본인도 제대로 자신의 캐리어 설계를 할 수 없다고 말할 수 있지 않을까?

어쩌다가 이야기가 좀 거창해져 버렸는데, '장인의 지혜'를 배우자는 처방전이 살기 위해서는, 사회환경도 커다란 요소이기 때문에 고찰해본 것이다.

칼럼

누가 구두를 닦는가?

'개인이 사는 방법'을 생각하는데, Personal Identity(신원) 약칭해서 PI라고 하는 개념을 소개하고 싶다. 정의는 당신이 당신이라는 것이다.

그러나 많은 일본인들은 PI를 다른 의미로 정의하고 있다. 인터넷상에서, '야마다 노리오 @ 호니야라 은행입니다.'라는 식의 발언을 하는 사람들이 많다. 이 경우, 노리오는 〈호니야라 은행〉이 PI라고 생각하고 있다. 마찬가지로 노리오 씨네 주부는 자신의 PI를 '노리오의 아내' 또는 '호니야라 은행에 근무하고 있는 노리오의 아내'라고 생각하고 있다.

또한 상대방을 판단하고 이해할 때, 그들의 정의에 의한 PI를 사용하면 이해하기 쉽고 받아들이기 쉽다. 예를 들어 내 경우 '사카모토 게이이치' 자체를 받아들이는 것보다도, '××의'를 붙이고 싶어한다. '퍼미션 마케팅의 사카모토 게이이치'라고 익숙해진 PI 같은 것을 원용한다. 그러나 그런 것은 PI가 아니다.

PI가 있은 다음에 그 위에 개인 브랜드가 생겨난다. 그 반대가 아니다. 그러므로 PI가 회사명이거나 직위명이거나 출신 대학명이거나 M·B·A 등의 자격이거나 하는 동안에는 개인의 브랜드는 구축할 수 없게 된다. 엄격하지만 사실이다.

○○회사나 ××대학 등 조직에 속해 있다는 속성을 말하는 것이 아니다. 그리고 확고한 PI 위에 개인으로서의 브랜드가 구축되어 간다.

JR 시부야 역에 구두닦이 할머니가 있다. 그날 나는 구두닦이를 찾고 있었다.

〈아니에스베〉에서 발견한 마음에 드는 구두를 지난 며칠 동안 줄곧 신고 다녀 혹사시켰기 때문에 닦고 싶었던 것이다. 하지만 좀처럼 구두닦이를 찾을 수가 없었다. 모두들 구두를 어떻게 닦고 있을까?

　나는 구두를 닦으면서 이야기를 나누었다. 할머니는 50년 동안 매일 낮 12시부터 4시 30분까지 장사를 하고 있었다. 할머니의 연세는 81세. 구두닦이 영업을 하는 데는 두 조직의 허가가 필요하다. 도로 사용 허가(경찰)와 영업 허가(구청)이다. 매년 봄에 6장의 서류를 작성해서 증명 사진을 붙여 관할 경찰서와 시부야 구청에 제출하지 않으면 안 된다. 하루 동안 세 번씩이나 그들 관청을 왔다갔다하는 힘든 일이다. 또 수수료를 연간 2만 여 엔을 내야 한다. 더구나 그 허가는 할머니 개인에게 내준 것이므로 남에게는 양도할 수가 없다. 작년까지는 또 한 사람이 시부야 역전에서 구두닦이를 하고 있었으나 암으로 사망해서, 현재는 할머니 한 사람뿐이다. 그러니까 두 관청에서는 "구두닦이를 그만두라."고 하고 싶은 것이다. 그렇기 때문에 마지못해서 허가해 주고 있는 것이다. 이 법을 만든 사람은 조직원일 것이다. 할머니의 제출 서류를 검토하는 사람도 조직 내에 있는 사람일 것이다. PI를 조직명으로밖에 말할 수 없는 사람들일 것이다.

　그런데도 할머니는 할머니로서 PI가 있다. 81세까지 살아 왔다는 PI이다. 주름살이 그대로 PI다. 훌륭한 PI 위에 할머니만이 갖고 있는 브랜드가 있다. 50년간 시부야 역전에서 구두를 닦아 왔다고 하는 브랜드이다.

　"창업했습니다." 하는 얘기는 역전에서 나누어 주는 전단지의 수만큼 많지만, 구두닦이를 창업했다고 하는 얘기는 들어본 적이 없다. 그렇다면 구두닦이가 필요 없느냐 하면 나에게는 '웹사이트에서 호텔 예약을 하는 것' 보다 더 중요한 일인 것이다.

"하루에 손님은 몇 명이나 되나요?"

"글쎄요, 10명에서 12명쯤 되지요. 가늘고 길게죠." 하고
할머니는 웃었다.

구두닦는 값이 500~600엔이므로 매상은 5,000~7,200엔
정도다(매일 7,200엔의 매상을 올리고 있는 EC 사이트는
어느 정도나 될까?).

멋진 개인 브랜드 때문에 나는 더할 수 없이 기분이 상쾌
해졌다.

– 「케팅 에세이」: 저자가 발행하는 메일 매거진

Lessons learned

장인의 지혜에서 배우기 위해 당신이 할 수 있는 것

1. 디지털 세상이기 때문에 오히려 아날로그를 소중히 하자.
2. 5감과 지혜를 소중히 하자.

2안 리플렉스 카메라로 생각하자

고객으로부터 떠나서 자기 회사의 제품과 서비스를 검토하는 것이 미래의 유력 상품으로 이어진다

✌ '고객에게 밀착하는' 함정

우량 기업이 실패하는 것은 고객의 소리에 귀 기울이지 않고, 상품의 개선에 아무런 노력도 하지 않기 때문이 아니라는 역설에 이론적인 뒷받침을 해준 연구가 『*The Inovator's Dilemma*』이다. 이 책의 저자 클레이튼 크리스텐센은 이 책에서 '지속적 기술'과 '파괴적 기술'이라는 반대 개념을 제출하고 있다.

대부분의 신기술은 제품의 성능을 높인다. 이것을 '지속적 기술'이라고 부른다. 그리고 모든 지속적 기술에 공통되는 것은 주요 시장의 주고객이 기존의 성능 지표로 평가하면 기존 제품보다 성능이 향상된다는 점이다. '파괴적 기술'은 그때까지

시장에 없었던 전혀 다른 가치 기준을 시장에 제공한다.

다만 클레이튼은 "파괴적 기술은 적어도 단기적으로는 제품의 성능을 끌어내리는 효과를 지닌 기술"이라고 하고 있으나, 반드시 그렇게만 말할 수는 없다고 생각한다.

예를 들어 '음악을 즐긴다'는 목적 함수를 해결하는 상품으로서의 레코드에 대한 CD의 탄생은 '파괴적 기술'이지만, 소리의 취향이라는 점은 있다 하더라도 '끌어내리지는' 않고 있기 때문이다. 또 앞에서 말한 목제 모형 공장 시대의 〈다미야 모형〉의 플라스틱 모델도 '파괴적 기술'이지만, '끌어내리고 있는' 것은 아니다.

그리고 '파괴적 기술'이 태어났을 때, 그때까지 시장을 석권하고 있던 우량 기업일수록 출발이 늦다. 왜냐하면 '고객의 최고의 의견에 귀를 기울여 수익성과 성장률을 높이는 신제품을 찾아내는 것을 관행으로 삼고 있는 대부분의 기업은 파괴적 기술에 투자할 무렵에는 이미 때가 늦은 경우가 대부분(『*The Inovator's Dilemma*』)이기 때문이다. 왜 그럴까? 그저 단지 '움직임이 둔하다'든가, '출발이 늦다'는 것만이 이유는 아닐 것이다.

'고객에게 밀착한다.' 이 주제는 일본 기업의 특기이며, 톰 피터스와 R.H. 워터맨이 『우량 기업, *In Search of Excellence*』에서 하나의 법칙으로 거론한 이래, 비즈니스 세계에서 중요시되어 왔다. 실행되고 있느냐 아니냐는 별개의 문제이고, 미국 기업의 허술함은 제1장에서 지적한 바와 같지만, 적어도 일본 기업은 예외 없이 '고객에게 밀착' 하는 자세를 취하고 있을 것이다. 회의 석상에서 "고객에게 물어보겠습니다." 하고 말하면, 아무도 반대하지 않는다. 고객 의견 청취 기획안 등을 제출하면 간단하게 상사의 승인을 받을 수 있을 것이다.

그러나 정말로 '고객에게 밀착하는 것' 에 100% 동의를 해도 괜찮은 것일까? 나는 무턱대고 예찬하고만 있을 수 없다고 생각한다.

이 문제를 생각하기 위하여 현재의 새로운 시장 환경에 대해서 살펴보기로 하자.

☝ '축제형 시장' 이란?

현재의 시장 환경은 '참가형' 으로 되어 있다. PC는 물론이고 브라우더폰(i모드 외에), 자울스, 팜 등의 PDA(휴대용 정보 단말기)와 같은 전자 장치가 개인 한 사람 한 사람에게 파워를 주고, 'e' [5]를 일상화시켜서, 결과적으로 기업과 고객의 경계선을 대단히 애매모호한 상태로 만들고 있다. 고객이 상품에 대한 지식이 더 풍부하거나 상품뿐만 아니라 '상품이 사용되는 일상생활의 장면' 에 대해서 새로운 연구를 하거나 해서 계발되어 있다. [6]

전통적인 시장에서는 기업이 마운드에 서서 고객을 향해 볼 (메시지)을 던지는 방식이었으나, 새로운 시장에서는 고객도 제품 개발이나 마케팅에 참가하고 있다. 이 방식은 기업과 고객이 함께 축제의 가마를 메는 모습을 연상시키기 때문에 나는 '축제형 시장' 이라고 부르고 있다. 축제형 시장에서 살아가는 고객의 특징은 다음의 네 가지이다.

축제형 시장에서 고객의 특징
1. 시장에 참가한다.
2. 기업이 말하는 것을 듣지 않는다.
3. 정보로 무장하고 있고 계발되어 있다.
4. 인터넷으로 서로 연결되어 있다.

고객은 제품 개발이나 마케팅에 참가하고 있다. 그리고 이것은 기업이 바라는 욕구이기도 하다. 퍼미션 마케팅[7]에서 최초의 '퍼미션' 을 획득할 때나 바이럴 마케팅[8]을 시도할 때는 '영향력 있는 개인' 으로부터 기폭하는 것이 열쇠가 된다. 그 때문에, 화상회의나 커뮤니티 사이트 등에서 평소부터 그들의 참가를 촉구할 필요가 있다. 또 고객은 정보로 무장되어 있다. 네트워크를 통해서 동료와 항상 새로운 정보를 교환하고 있다. 그렇기 때문에, 기업이 히트 상품을 발표해도 쉽게 믿지 않는다. 오히려 기업보다 고객 쪽이 상품에 대해서 더 잘 알고 있는 경우도 있다.

👆 이 엉성한 디자인의 자동차를
누가 타겠는가?

　미국의 비즈니스 잡지에 B2B 소프트웨어의 광고가 있었다. 첫페이지 좌우 양쪽을 이용한 전면 광고였다. 왼쪽 페이지의 사진은 자동차의 제조 라인으로 차체가 잔뜩 만들어져 있고, 광고 문안은 'Mass produced.' 다시 말해서 대량 생산이다. 대조적으로 오른쪽 페이지에는 다양한 색상으로 도장된 자동차가 있고, 광고 문안은 'User defined' [9], 즉 사용자가 참여해서 만들면 이렇게 된다는 것이었다.

　이 소프트웨어를 사용하면 '이와 같이 사용자 참여형으로 만들 수 있습니다. 바꿔 말하면, 고객의 소리를 제품을 만드는 데 반영시키는 것을 가능케 합니다.' 하는 의미이다. 그러나 사용자 참여에 의해서 만들어졌다는 자동차는 빈 말이라도 멋진 디자인이라고는 말하기 어려운 것이었다. 미안하지만 엄청나게 엉성한 디자인이었다.

　여기서 근본적인 질문을 던지고 싶다. 처음부터 자동차의 디자인이라는 것은 아마추어가 참여해서 하는 것인가? 대답은

"아니오."일 것이다.

　미국의 자동차산업이 전성기였던 1950년대에는 디자인 스쿨의 졸업생(졸업하는 것 자체가 힘들었던 것 같다) 중 최고의 성적 우수생 3명은 〈제너럴 모터스〉에 들어가고, 다음 3명은 〈포드〉에, 그 다음 3명은 〈크라이슬러〉에 들어갔다. 즉 '최고로 전문적인 작업 영역' 이었던 것이다. 당연하지 않은가? 자동차산업에서 디자인은 코어 컨피던스[10]이다. 그것을 아마추어에게 맡겨서 어떻게 하겠단 말인가?

몽타주는 행운을 가져다주지 않는다

　오마에 겐이치는 마케팅은 브로드 캐스트(폭넓게 호소한다)형에서 포인트 캐스트(1점 노리고 쏘기)형으로 만듦으로써 참다운 주문 제작 마케팅이 되고, 50% 이상의 타율이 된다고 했다. 참가형 시장을 염두에 두고 있다. 그의 예언에 의하면, 인터넷에 의해서 파워를 손에 넣은 고객이 얼마 뒤에 자동차를 구입하는 모습은 이렇게 될 것이다.

그러나 나는 이 미래상에 무조건 찬성할 수가 없다. 자동차 메이커도 고객도 행복하지 않을 것이라고 생각한다. 그 이유는 다음과 같다.

1. 이렇게 되면, 자동차 메이커는 부품 공급업자가 된다. 브랜드고 뭐고 없어지게 된다.

2. 브랜드는 부품을 긁어 모은 것이 아니라 '에스테틱스' [11] 를 포함하여 고객이 전체에서 몸으로 느끼는 것에 의해서 마음 속에 형성된다.

〈페라리〉의 독특한 엔진 소리는 차체의 진동과 함께 몸으로 느끼는 것이다. 그때 '페라리색' 의 차체 색도 시야에 있어야만 '페라리 브랜드' 가 형성된다. 개중에는 '〈도요타〉의 차체와 〈혼다〉의 엔진 '궁합' 은 역시 최고구나.' 하고 생각하는 고객이 있을지도 모르지만, 그때 브랜드는 어디로 가게 될까? 〈혼다〉

는 엔진만 계속 만들어내는 엔진 메이커로서의 브랜드를 살려 나가게 될까? 기업의 선택이니까, 물론 〈혼다〉의 선택이 되겠지만, 아마 〈혼다〉는 그것으로 행복해 하지는 않을 것이다.

3. 아무리 참가형이라 하더라도 자기가 좋아하는 미인의 얼굴을 당신이 '참여하여' 만든다면 어떻게 될까? 입술은 나카야마 미호, 눈은 하마사키 아유미, 코는 후지하라 기카 …… 식으로 좋아하는 부분을 모아서 만든 몽타주를 만들었다고 해서 완성된 사진이 당신이 '궁극적으로' 좋아하는 얼굴이 될까? 천만의 말씀이다. 을씨년스러운 것밖에는 되지 않을 것이다. 즉 '부분의 합산은 제대로 된 전체가 되지 못하는 것' 이다. 왜냐하면 거기에는 균형을 제공해주는 '생명' 이 없기 때문이다[12].

4. 그리고 역시 자동차 메이커의 '생명' 은 전문적으로 형성된 '전체로서의' 브랜드이다. 고객에게 연필을 건네주고, 메이커는 빈 캔버스와 그림물감을 준비하면 된다는 식은 기업 활동의 '생명' 의 포기이다.

☞ '프로듀서는 당신이다' 의 가치 포기

2000년, 어떤 제과회사와 음반회사가 공동으로 '고객 참가형 기획' 을 했다. 그 내용은 이렇다.

기간을 한정한 오디션을 보았다. 여성만을 대상으로 하여 후보자 10명을 모아 놓고, 그 중에서 2명 분의 노래를 담은 싱글 CD 5종류를 준비하여 경품으로 과자상자 안에 넣는다. 겉포장에는 후보자의 사진을 게재한다. 엽서에 의한 인기 투표로 3명을 결정한다. '프로듀서'의 일은 후보자에게 투표할 뿐만 아니라 비주얼의 컨셉트 등의 제안도 할 수 있다고 한다. 이 기획의 캐치 프레이즈는 "프로듀서는 당신이다!"이다.

그리고 떳떳하게 데뷔 때에는 CD에 고른 사람의 이름이 '프로듀서'로 게재된다. 'produced by ○○' 하는 식으로 당신의 이름이 실리는 것이다.

실제로 나도 과자를 사서 CD를 들어 보았다. 별 것도 아니었다. 노래방에서 노래를 잘 부르는 사람의 수준이었다. 앞에서 살펴본 자동차 디자인의 예에서도 그랬지만, "프로듀서는 당신이다!"라는 것은 그 기획의 주최자인 음반회사 스스로가 가치 포기 선언을 한 셈이 아닐까? 또 제과회사는 '과자를 맛있게 만드는 것'이 기업으로서 사회에 제공하는 가치일 것이다. 이 오디션 기획에 의해서 도대체 어떤 가치를 제공할 수 있겠는가?

이와 같은 '참가형' 기획은 컵라면에도 있었다. 축제형 시장의 현상으로서 나의 저서인 『퍼미션 마케팅의 미래』에서 다루고 있다. 그러나 돌이켜볼 때, 컵라면의 패키지에 소비자가 참여하여 어떤 가치가 사회에 생겨났는가, 그리고 생활의 질을 높이는 데 도움이 되었는지 의문이다.

축제형 시장의 함정

축제형 시장에서 빠지기 쉬운 함정은 다음의 세 가지이다.

1. 파괴형 기술이 나오지 않는다.
2. 고객에게 밀착하면 할수록 '과거의 연장(延長)' 발상이 된다.
3. 개발 마인드의 포기로 이어지기 쉽다.

고객은 현재 눈앞에 있는 상품에 대해서밖에 모른다. 현재의 일밖에 생각하지 않는다. 기업의 본래의 업무는 상품 개발이나 가치 제안일 것이다.

'고객이 현재 필요로 하고 있지 않은 기술 혁신에 대해서는 고객을 의지해서는 안 된다. 고객과 긴밀한 관계를 유지하는 것은 지속적인 기술 혁신에 착수하는 데는 중요한 경영의 패러다임이지만, 파괴적 기술 혁신에 착수할 때는 그릇된 데이터의 근원이 되기가 쉬운 것' 이다.

– 클레이튼 크리스텐센 : 『*The Inovator's Dilemma*』

고객에게 밀착하면 할수록, '과거의 연장' 발상이 되어서 타개책이 생겨나지 않는다. 그리고 자동차의 디자인, 신인 발굴오디션 기획에서처럼 기업이 세상에 묻는 자기 회사의 가치 자체의 포기로 이어질 위험이 있다. 이것이 바로 축제형 시장의 함정이다.

☝ 보다 잘 걷는 것과 다른 길을 걷는 것

어느 레코드 바늘 제조회사가 "될 수 있으면 원음에 가까운 좋은 소리를"이라는 목적 아래, 대량 사용자를 끌어들여 그들의 의견도 들으면서 제품을 연마해 나갔다. 레코드의 음구(音溝)에 걸리는 압력은 제곱센티미터당 3~6톤이나 된다. 만원 전철에서 하이힐 뒤꿈치에 밟혔을 때의 압력이 25kg이라고 하니 그 압력에 120~240배나 되는 엄청난 힘이다. 따라서 바늘의 마모가 심하기 때문에 음구의 접촉면에 다이아몬드를 사용하게 되었다. 그 결과 음질도 훨씬 향상되었다.

그런데 CD의 출현으로 인해서 단숨에 '좋은 소리란 CD의 소리'라고 하는 정의의 전환이 행해져 버렸다. 사실은 소리는 그렇게 단순한 것이 아니고, CD가 재현하는 소리가 자연계에 있는 원음에 충실하다고 할 수도 없다. 그러나 사회가 그런 방향으로 급격히 배의 키를 돌려 버렸다. 레코드와 레코드 바늘은 뒤에 홀로 남겨지게 되었다. 바늘 제조회사는 노력하지 않았을까? 노력하고 있었다. 고객의 소리를 무시한 것일까? 귀를 잘 기울였다. 그러나 여기에 기술 혁신의 딜레마가 있는 것이다.

‘좋은 소리’를 위해서 레코드 바늘이라는 레일을 ‘보다 잘’ 걸으려고 했던 것이 치명상이 되어 버렸다. ‘do better’가 잘못된 것이었다. 그러지 말고, ‘do another way’, 즉 다른 레일도 검토하고 걷기 시작했어야만 했던 것이다. 이 ‘보다 잘 걷는다’와 ‘다른 길을 걷는다’의 2안 리플렉스를 실행하는 것이 처방전이 된다.

그렇다면 어떻게 하면 2안 리플렉스의 관점을 계속 가지고 갈 수 있을까? ‘2안 리플렉스 카메라’ 처방전을 생각해보면, 두 가지가 있다.

고객과의 접촉 포인트를 재고 조사한다

마침 현재 ‘파괴적 기술’의 세례를 받고 있는 업계가 있다. 여행사 대리점이다. 여행업계에서 ‘파괴적 기술’은 EC다. 그런데 작년에 어느 3개 사가 합병을 했는데, 합병의 고객에 대한 메리트를 ‘규모의 경제’로 설명을 하고 있는 것을 보면, 당사자들은 아직도 깨닫지 못하고 위기감도 갖고 있지 않은 것 같다.

그러나 데이터에 의하면, 고객은 여행사 대리점에서 EC 이용으로 확실하게 변화해가고 있다는 것을 알 수 있다.

〈일본항공 : JAL〉과 〈전일본항공 : ANA〉의 국내선 예약 전체에서 인터넷을 경유한 예약 비율은 10%이고, 〈일본 에어시스템 : JAS〉은 8%로 모두 전년도의 두 배였다. 각사 모두 인터넷을 통한 대리점 배제 판매에 주력하기 위해 국내선 닷컴(www.kokunaisen.com)을 세웠다. 여기서는 JAL, ANA, JAS 각사의 빈 자리 정보를 비교해서 구매할 수 있는 이용자 메리트가 있다. 그리고 항공사는 대리점에 지불하는 5%의 마진보다 낮게 억제할 수가 있다.

호텔이나 여관 예약은 인기를 끌고 있는 〈여행의 창구 : www.mytrip.com〉나 여관 자체가 운영하는 웹사이트에서 하는 것이 일반화되어 가고 있다. 이것은 이용자에게도 바쁜 시간에 직접 여행사를 찾아갈 필요 없이 한밤중이나 생각이 났을 때 PC를 이용, 검토해서 예약할 수 있는 메리트가 있으며, 대부분의 여관은 인터넷 예약을 하면 숙박료를 싸게 받는 등의 특전을 마련해 주므로 매력적이다.

여관 측에서도 여행사를 통하면 15~20%의 수수료를 지불해야 하지만, 웹 대리점이라면 그 절반인 5~7%, 〈라쿠텐 트래벌〉에 이르러서는 3.7%라는 놀랄 만한 싼 수수료이기 때문에 환영이다.

여관 측은 웹에 의한 예약 비율을 어떻게 해서든 높이려고 노력하고 있다. 메일 매거진을 발행하거나, 이런 방법 저런 수단을 총동원하고 있다.

그렇다. 여행업계에는 EC라는 파괴적 기술이 자신의 발 밑을

파 뒤엎을 정도로 커다란 위협이 되고 있다.

그런데 여행업계로부터 들려 오는 것은 "역시 여행에는 컨설팅의 의미가 크다. 인간이 개재하는 대면 판매의 메리트가 없어지는 것은 아니다."라는 목소리이다. 어딘가에서도 이와 비슷한 소리를 들은 것 같은데, 바로 백화점이다. 그러나 백화점에서도 "조금 큰 사이즈를 찾아 봅시다."라든가, "어머, 잘 어울리시네요!" 정도의 대면 판매밖에 할 수 없다.

숙박 업소(여관)로 이야기를 되돌리면, 2001년 2월 22일 도쿄 도 내의 호텔은 어디나 객실이 없었다. 시험 시즌이었기 때문이다. 나도 호텔방을 잡을 수가 없어서 곤란을 겪었는데, 가령 이런 경우에 여행사 담당자가 '숨겨 놓은 방'을 갖고 있다면 가치가 생긴다. 그러나 '세간이 방을 얻기 힘들 때는 모두들 똑같이 얻기가 힘든' 상태였다. 이래서는 무엇을 위한 인간 개재인지 알 수가 없다.

그러면 어떻게 하면 좋은가? 조직의 몸통의 크기 같은 문제는 일단 젖혀 놓기로 하자.

해리 베크위스가 『*The Invisible Touch*』에서 피력하고 있는 '고객과의 접촉 포인트를 재고 조사한다'는 수법을 사용해 보자.

'여행'이라는 행동을 인수분해하면 대충 '숙소', '교통 수단', '식사'가 된다. 여행사 대리점이 고객과 접촉하는 포인트는 무엇인가를 생각해보자. 그리고 팜플릿, 점포 영업 시간, 점

포의 위치, 접근의 용이함, 점포의 외관, 네트워크(특정한 여관이
나 항공사와의 강한 유대), 결제 수단, 이벤트 등 모든 것을(그렇
다. 모든 것, 아무리 작은 항목이라도) 글로 써 본다.

그 가운데서 현재 할 수 있는 것과 경쟁 상대(이 경우에는 EC)
에게 '졌다' 고 생각하는 것을 적는다.

그 다음에 자기 자신을 되돌아본다.

당신이 하고 싶은 일은 무엇인가?
당신이 할 수 있는 일은 무엇인가?
아무도 하고 있지 않은 일은 무엇인가?

이것들에 비춰서 고객과의 접촉 포인트를 다시 검토해 본다.
구멍이 뚫어질 정도로 말이다. 그리고 아무리 작은 포인트라
도 좋으니까, 거기에 자원을 집중시켜 본다.

예를 들면, 조직의 몸통의 크기는 거꾸로 강점이 되지는 않을
까? B2C에서 C인 고객 한 사람 한 사람은 어디까지나 모두 개
인이다. 아무리 인터넷으로 정보를 무장하고 있다 하더라도 개
인으로서는 획득할 수 없다. 조직이기 때문에 입수할 수 있는
정보가 있을 것이다.

가령 '문화' 라는 면에서 생각해 본다면, 어떤 대답이 나올 것
이다. '그 고장에서 생활한다' 를 세로 축으로 하고, '문화에 접
촉한다' 를 가로 축으로 해서 자기 회사에 축적은 없는가?

　NY를 예로 들어 보자. 흔해 빠진 NY 투어에 자주 선을 보이
는 뮤지컬 견학 및 미술관 순례가 아닌 다른 제안을 할 수 있을
것이다.

　● 이른 봄의 맨해튼이니까, 벚꽃과 비슷한 흰 배꽃을 즐기
면서 어슬렁어슬렁 산책을 겸해서 브로드웨이의 극장 창구에
직접 가서 입장권을 사 보자. 「오페라의 유령」이라면 마제스틱
극장이고, 「로키 호러 쇼」라면 서클 인 더 스퀘어이다. 어느 곳
이나 타임즈 광장에서 걸어서 갈 수가 있다. 입장권의 가격은
예매를 하면 어른은 85달러(그런데 인터넷으로 사면 20달러나 비
싸진다!)이다. 극장 부근의 47번가 양쪽에는 레스토랑이 즐비하
게 늘어서 있다. 식당 밖에 게시해 놓은 메뉴를 살펴 보자. 뮤지
컬이 시작되기 전에 식사가 끝나도록 되어 있다. 모처럼 뮤지컬
감상도 하고 식사도 하는 계획을 세워 보지 않겠는가?

　● 맨해튼의 로어 이스트사이드에 있는 테너먼트 박물관은
정취가 깊은 곳이다. 테너먼트(tenement)는 '셋집'을 뜻한다.
뉘앙스로는 싸구려 아파트나 연립 주택과 같은 느낌이 든다.
1800년대 후반부터 20세기 초기에 걸쳐 유럽에서 이민온 사람
들의 당시 생활을 접해 볼 수가 있다. 집집마다 수도가 있었던
시절이 아니었으므로 일일이 1층까지 물을 길러 내려가야 했
다. 채플린의 「이민」이라는 영화에도 이 무렵의 맨해튼의 풍경

이 조금은 나온다. 그 영화를 보고 있으면, 지금과 같은 자유의 여신상이 이민자들을 태운 배에서 보이는 것이 이상한 느낌이 든다.

…… 등의 에피소드나 제안을 잔뜩 준비할 수 있다면, 다른 어느 곳에도 없는 관점의 '대면 판매'를 할 수 있을 것이다. 아무리 개인이 파워를 가지고 EC에서 조사해도 손에 들어오지 않는 정보이다.

결코 EC의 흉내를 내서 웹사이트를 세워 나가는 것이 중요한 것은 아니다. 상대가 되지 않는다. 실제로 어느 일류 대리점의 사이트에 들어가 보면, 등록해 달라고 한다. 등록을 하면, 개인 ID 번호와 패스워드가 발행된다. 그리고 필요 서류를 자택으로 우송할 테니 소중히 보관해 달라고 한다. 이 ID 번호와 패스워드라는 것은 사이트 입장에서 보면 '고객 관리 정보' 상으로 일하기가 쉬울지도 모르지만 이용자의 입장에서 생각하면, 사용하기가 매우 힘들다. 패스워드 같은 것은 일일이 기억하고 있지 못하기 때문이다. 그리고 처음부터 여행사가 EC와 똑같은 행동을 하고 있다는 것이 이미 '패배'인 것이다. 여행사가 인터넷상의 점포를 갖는다는 것은, 말하자면 '클릭 & 몰탈'이다. 클릭 & 몰탈의 특색은 'e on t', 즉 '전통적인(traditional)' 몰탈 점포의 능력을 'e'를 사용해서 확대하는 데 있다. 점포는 '시장의 사상'으로 성립하고 있는 장사 형태이다. 그 기본 자세는 '기다림'이다. 한편, 웹사이트도 점포가 있는 것만으로는 '시장의 사상', 즉 기다림이다. 클릭과 몰탈 양쪽은 기다리고 있어도 소용이 없다. '클릭 = e'는 멀리서 적을 공격하는 무기, 즉 '행상(行商)의 사상'을 활용하는 것이 좋지 않을까?[13] 또한 메일 매거진으로 고객에게 문화 제안을 계속함으로써 다른 EC와의 차별화를 도모할 수가 있다.

👆 되돌아가는 비전은 '쾌적함 찾기'

처방전의 두 번째는 '쾌적함 찾기', 즉 'QOL 퀘스트'로 생각해보는 것이다.

예를 들어 에어컨, 선풍기, 부채를 생각해보자. 선풍기가 생겨났지만 부채는 없어지지 않았고, 에어컨이 생겨났어도 선풍기는 없어지지 않았다. 파괴형 기술은 되지 않았던 것이다. '방 안의 온도를 낮춘다'는 목적 함수에 대해서 이 세 가지가 경쟁을 한다면, 에어컨이 당연히 승리를 거둘 것이다. 그러나 방 안에 있는 사람에게 방 안의 온도가 그냥 내려가기만 하면 좋은 것은 아니다. 그가 구하고 있는 것은 '쾌적하게 되는 것', '상쾌함을 얻는 것'일 것이다. 그렇다면 에어컨 바람을 좋아하는 사람도 있는가 하면, 부채를 사용하는 사람, 선풍기가 때때로 보내주는 바람을 좋아하는 사람 등 제 각각이다. 실제로 나는 에어컨 바람을 싫어한다. 밀폐된 방에서 바깥 공기와의 환류가 없고, 살벌하게 차거워지는 방에 있는 것이 싫은 것이다. 선풍기도 싫다. 나는 봄, 여름, 가을에는 대개 반바지에 티셔츠 차림이다. 피부의 노출이 많다. 선풍기의 바람을 계속 쐬고 있으면 다리에 힘이 없어진다. 한편, 심하게 더위를 타서 일년 내내 부채를 손에서 놓지 않는다는 사람도 있다. 혹한의 겨울을 맞이한 맨해튼에서도 욕조에서 나오면 창문을 열 정도로 더위를 타는 사람도 있다. 가령 그렇게 더위를 타는 사람과 나처럼 추위를 타는 사람이 함께 산다면 큰일이다. 이와 같이 '쾌적하게 되는 것' 이라는 목적에 대한 해답은 한 가지가 아닌 것이다.

역시 열쇠는 QOL 퀘스트, 즉 '생활의 쾌적함 찾기' 이다.

Lessons learned

2안 리플렉스 카메라로 생각하기 위하여 당신이 할 수 있는 것

1. 고객과의 접촉 포인트를 재고 조사해보자.
2. 비전을 '쾌적함 찾기' 로 하고 자사의 제품과 서비스를 재검토해보자.
3. 그 다음에, 고객의 목소리에 귀를 기울이자. 처음부터 고객에게 붓을 들게 하는 것은 몽타주 제작이 되어서 기업도, 고객도 행복해질 수가 없다.

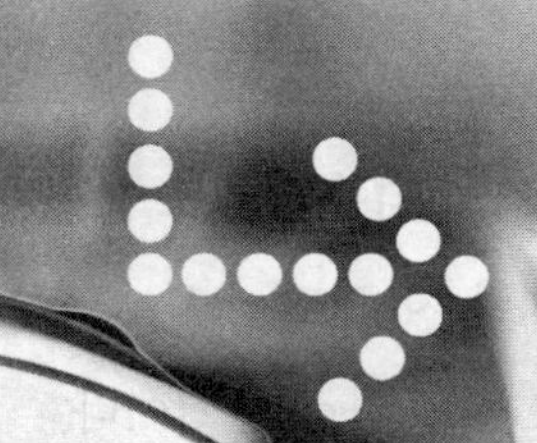

브랜드를 행동하자

고객의 마음에 형태를 남기는 '튀는 것'을
축적하는 것이 장기적인 브랜드를 구축한다

맨해튼 5번가를 걸어 가는 여성 관광객의 뒷모습을 보고, 일본인인지 그렇지 않은지를 맞추는 게임을 한다고 하자. 당신이 친구와 내기할 때를 위해서 한 가지 법칙을 특별히 가르쳐 주겠다.

'루이비통의 가방을 들고 있는 사람은 일본인 관광객이다.'

그렇다. 많은 일본인들은 '브랜드'라고 하면 〈루이비통〉이나 〈구찌〉와 같은 '명품'를 떠올리고, 그 상품에 붙어 있는 상표를 떠올린다.

브랜드는 자칫하면 가슴에 붙이고 다니는 배지처럼 정적인 파악법, 바꿔 말하면 명사로 해석된다. 또 형용사로 이해되는 경우가 있다.

언젠가 이런 광고 문안이 있었다. 'ANA다움'. 광고 문안으로는 좀 이상해서 고개가 갸웃거려지지만, 이것도 'ANA'라는 브랜드를 형용사로 파악하고 있는 참고가 될 만한 증거이다.

아니다.

브랜드는 튀지 않으면 안 된다. '튄다는 것'은 어디에도, 누구에게도 없는 것이므로 단연 뛰어난 힘을 나타낸다. 동사인 것이다. 그리고 정적으로 어딘가에 장식물처럼 놓아 두는 것이 되어서는 안 되며, 매일매일 고객과의 접촉 현장에서 '행동' 되어가는 것이다. 그 행동이 고객의 마음속에서 '튀는' 브랜드를 형성해 나가는 것이다.

'브랜드를 행동하기' 위해서 우선 브랜드의 정의부터 생각해보기로 하겠다.

👆 브랜드란?

브랜드란 전하고 싶은 가치를 구현한 것이다. 기업의 마크나 로고, 네이밍과도 구별이 된다.[14]

내가 지금 이 글을 쓰면서 입고 있는 〈올드 네이비〉의 티셔츠는 루마니아제다. 〈J 크루〉의 짧은 바지는 인도네시아제이다. 조금 전까지 입었던 외출복 〈바나나리퍼블릭〉의 셔츠는 터키

제였다.

어젯밤에 나는 브로드웨이 뮤지컬 〈로키 호러 쇼〉를 즐겼는데, '원산국'은 영국이다.

그러나 각 브랜드에 '○○제'라는 것은 무의미하고, 브랜드는 브랜드가 소비자의 마음속에 그려내도록 한, 지금까지 기업이 노력한 결과로 생겨난 지식을 말한다. '명(明=밝음)의 지식'이다. 그리고 물론 그 '명의 지식' 이면에 비쳐 보이는 그 기업의 독자적인 '암(暗=어둠)과 묵(黙=고요함)의 지식'이 브랜드에 폭과 깊이를 제공해주고 있다.[15] 어디서 태어나든 간에 행동하는 것은 고객의 마음속인 것이다.

기업은 'A'라는 브랜드에 의해서 전하고 싶은 가치를 구현한다. 리얼 점포를 지닌 기성복 브랜드를 예로 들면, 구현하는 방법에는 로고, 마크, 네이밍, 서비스와 같은 소프트웨어적인 것과 점포의 건물, 인테리어, 집기류, 가구와 같은 하드웨어적인 것이 있다. 또한 소프트웨어적인 것들 가운데는 나중에 언급하겠지만, 브랜드가 지닌 미학도 있다. 브랜드에 따라서는 마리오트 호텔 그룹처럼 호텔 건물이라는 하드웨어적인 것은 자사에서 소유하지 않고, 소프트웨어의 경영에 집중해서 브랜드를 행동하고 있는 기업도 있다.[16]

'A'라는 브랜드에 접촉한 잠재 고객이 즉시 어떤 이미지를 상기하고 구매 의욕을 자극받아서 구입한다. 한편, 기업으로서는 'A라면 ○○'이라는 브랜드의 약속을 함으로써 제공하는 상

품의 품질 관리를 용이하게 하고, 되풀이해서 구입해주는 고객
에 대한 마케팅 비용을 삭감할 수가 있다. 이것이 브랜드의 역
할이다.

물론 같은 업계의 'B', 'C ……와 같은 다른 브랜드와 달라
서 어디에도 없는 가치를 호소하고, '튀지' 않으면 안 된다.

브랜드의 약속

기업 행동이란 고객에 대한 '브랜드의 약속 선언'이며, '브랜
드의 약속 실행'이다. 덧붙여 말하면, 약속을 의미하는 영어의
promise의 어원은 라틴어의 promus인데, 이 말은 '봉사한다
(serve)'는 뜻이다.

약속대로 고객에게 '서브＝서비스의 실행'이 이행되면 고객
만족도가 높아져서, 그 뒤에도 계속 브랜드의 팬으로 남아 있어
줄 것이고, 다음 번에도 돌아와 줄 것이다. 그리고 친구나 아는
사람에게 소개해준다.

'브랜드'는 고대 노르웨이의 말이 그 어원이며, '불타 오른
다'는 의미를 갖고 있다[거기서부터 소에게 소인(燒印)을 찍을 때
의 브랜딩이라는 말로 전용되었다]. 당신의 브랜드를 불타 오르게
하자.

　다음에 소개하는 기업의 브랜드의 약속은 무엇일까 하고, 내 나름대로 생각해보았다. '언제나' 또는 '매일'을 붙일 수 있기 때문에 약속으로 성립이 된다.

소니
언제나 뭔가 전혀 새로운 컨셉트, 멋진 디자인

고바야시 제약
언제나 생활 문제를 해결해주는 것에 의한 편리 제공을 해준다.[17]

오츠카 제약
언제나 새로운 카테고리의 제품을 제안해준다.

카오우
청결하고 아름답고 건강한 매일을 향해서

스타벅스
언제나 향기 높은 커피를 좋은 분위기의 담배 연기가 없는 가게 안에서

☝ 에스테틱스

한편, 고객 쪽에서 보면 어떤 호텔 브랜드가 아무리 훌륭한 약속을 하고 있더라도, 실제 호텔에서의 체험이 빈약한 것이라면, 거꾸로 '배신당했다' 는 생각이 드는 법이다.

'인상' 은 브랜드의 약속에 대한 리트머스 시험지라고 해도 좋다. 그렇다면 '인상' 은 무엇에 의해서 형성되는가? 에스테틱스이다.

에스테틱스(aesthetics)란 우리말로 하면 '미학' 이다. 따라서 다음과 같은 공식이 나온다.

> 에스테틱스 = 브랜드의 약속 × 5감에 호소하는 고객 체험

에스테틱스에 뒷받침된 고객 인상의 종합이 브랜드를 형성한다.

브랜드가 단단하게 구축되고, 약속대로 실행되는 것에 의해서 '브랜드의 연마' 가 좋은 방향으로 회전하기 시작하는 것이다.

☝ 〈포시즌즈 호텔〉 브랜드의 경우

브랜드의 에스테틱스를 생각하는 데는 호텔 브랜드가 가장 적합하다. 또 뉴욕은 관광지이기 때문에 호텔 브랜드가 많다. 그래서 그 가운데 하나인 〈포시즌즈 호텔〉 브랜드를 통한 나의 뉴욕과 싱가포르 체험을 '인상'을 중심으로 고찰해 보겠다.

포시즌즈 호텔 뉴욕

최초의 고객 접촉으로 정해지는 '인상'

뉴욕의 맨해튼에 있는 포시즌즈 호텔에 갔다. 뉴욕은 포시즌즈 그룹의 기함(旗艦) 호텔이다.

이와 같이 어떤 하나의 장소를 기함으로 삼아서 브랜드의 종합적인 인상을 통일하는 것은 두 가지 의미가 있다.

첫째, 브랜드의 약속을 선언할 수 있다.

둘째, 브랜드의 에스테틱스를 창조하고 구축하며 유지할 수 있다.

이 호텔은 1993년에 건설비 3억 6,000만 달러를 들여서 저명한 건축가 I.M. 페이가 설계한 52층짜리 고층 호텔이다(방 한 개 당으로 환산하면, 100만 달러나 된다). 맨해튼 동쪽 57번가, 즉 관광객이 많이 모여드는 미드타운에 위치하고 있다.

I.M. 페이는 파리의 루브르미술관의 확장공사에도 직접 참여했는데, 그때 사용한 것과 똑같은 소재인 꿀벌색의 프렌치 매그니 석회암을 쓰고 있다. 그 때문에 건물 자체는 맨해튼의 호텔들 가운데서 가장 높고 장대하지만, 모더니스트풍의 스타일로 차분하며, 미드타운 한가운데에 있으면서도 특별히 눈에 띄는 일이 없이 주위와 차분한 조화를 유지하고 있다. 주의해서 보지 않으면 지나쳐 버릴 정도다.

I.M. 페이의 설계 의도는 한 세대 전인 '호텔에 가는 것이 사치였던 시대'를 회고시키는 화려함을 격식을 차리지 않는 분위기의 인테리어와 자상한 서비스에 의해서 연출하자는 것이고, 목표는 '게스트', 즉 고객에게 집중되어 있다. 입구의 회전문에 새겨진 〈포시즌즈 호텔〉의 마크가 방문한 손님에게 '브랜드의 약속'을 인상 깊게 해준다. 즉 '도시 속의 사치'인 것이다.

입구에 들어선 순간, 계단과 만난다. 아래에서 올려다보는 능선이 아름답다. 또 잡음이 없는 정적도 호텔의 고급스러움을 자아내고 있다.

오후에 차를 즐기려고 레스토랑 〈피프티세븐 피프티세븐〉(호텔의 주소를 모티브로 한 이름)에 갔다. 상냥하게 맞아준 웨이터가 말했다.

　"모처럼 와 주셨습니다만, 공교롭게도 저희 가게는 3시까지 합니다(그때 시각은 오후 2시 10분경이었다). 괜찮으시다면 로비 라운지로 안내해 드리겠습니다."

　그는 우리들의 선두에 서서 안내해 주었다. 그러는 동안에도 미소를 잃지 않고 "오늘은 바깥이 춥습니까?" 하는 등 귀찮지 않을 정도로 대화를 계속하는 것이었다. 그리고 로비 라운지에 도착하자 그 곳의 웨이터에게 우리들을 소개하고, "잘 부탁하겠습니다." 하고 자기 자리로 돌아갔다. 이러한 그의 행동으로 인해서 느닷없이 호텔의 손아귀에 꽉 잡힌 것 같은 느낌이 들었다. 점심식사는 이미 끝나 있었지만, 이렇게까지 자상한 서비스를 해주는 호텔이 내놓는 음식은 어떤 것일까 하고 시험해보고 싶어졌다. 그래서 엉겁결에 런치 메뉴를 부탁하고 말았다.

　사치스러운 체험은 단지 사치스러운 건물이나 실내장식으로 자아내지는 것이 아니라 사치스러운 접객 태도에 의해서 생겨나는 것이다. 그리고 그 체험은 최초의 고객 접촉 인상에서 시작된다. 이번 경우에는 〈피프티세븐 피프티세븐〉 레스토랑의 웨이터의 한마디로 정해졌다.

호텔 안을 통일하는 '조용함'

1999년 8월에 휴가차 싱가포르를 방문했다. 시끄러운 오차드 거리에서 조금 들어간 곳의 차분한 장소가 관광지화한 싱가포르의 다른 호텔들 가운데서 빼어나게 고급감을 자아내고 있었다. 호텔 안에 한걸음 들어섰을 때 느낀 조용함, 이 조용함이 체류중에 느낀 모든 인상의 중심에 있었다. 레스토랑에도, 옥상의 수영장에도, 또 종업원들의 동작에도 모두 이 '조용함'이 있었다. 통일감이 사치스러움을 표현해주고 있었다.

이상과 같이 고객이 받는 '인상'은 호텔에 따라서 다르다. 그러나 몇 개의 거점에 걸쳐서 같은 브랜드를 갖는 경우에는 다음의 조건을 충족시킬 필요가 있다.

1. 기함 호텔을 정한다.
2. 브랜드의 약속을 기함 호텔에서 철저하게 표현한다.
3. 그 큰 줄거리의 약속 위에서, 각 지역에 맞는 브랜드의 약속을 현지화한다.

브랜드 체험을 결정하는 것은 위의 세 가지 조건의 결과와 현장에서의 실제 경영을 통해서 고객의 마음속에 생겨나는 '인 상'의 종합이다.

👆 5감에 호소하는 고객 체험

5감이란 '본다＝시각', '듣는다＝청각', '만진다＝촉각', '맛 본다＝미각', '냄새를 맡는다＝후각'을 가리킨다. 여기서 5감 하나하나에 대해서 호텔 브랜드의 예를 통해서 고찰해 나가기 로 하겠다.

▶ 고찰 1 : 시각의 사례
이른바 비주얼이다.

● 색깔의 통일
〈포시즌즈 호텔 싱가포르〉는 짙은 녹색과 흰색이라는 색깔 의 에스테틱스를 통일하고 있다. 레터 세트, 매일 아침 배달되 는 신문을 넣어 두는 자루, 성냥, 세면대의 쾌적함 등 모든 것이 통일되어 있다.
● 건물이 갖는 공간
입구, 로비, 레스토랑, 방, 욕실 등의 넓이와 천장의 높이

● 연출되고 있는 시간

시간축에는 '현대적', '전통적', '전위적(급진적)' 이 있다.

호텔은 이것들 중 어느 것인가를 연출하고 있지 않으면 안 된다. 나중에 자세히 이야기하겠지만, 뉴욕의 호텔들을 예를 들어 말하면, 〈포시즌즈〉는 '현대적' 이고, 〈피엘 그라머시〉는 '전통적' 이고, W 호텔과 마사 호텔은 '전위적' 이라고 할 수 있다.

일본의 호텔을 예로 들어 말하면, 〈가루이자〉와 〈만뻬이〉는 '전통적' 호텔이다. 하와이 호놀룰루의 와이키키 해변에서는 〈세라톤 모아〉나 〈서플라이더〉가 '전통적' 호텔의 대표이다.

⊙ 고찰 2 : 청각의 사례

● 조용함

앞에서 소개한 〈포시즌즈 호텔 싱가포르〉의 조용함은 위치해 있는 장소가 번화가 한가운데에 있기 때문에 고급스러움과 사치스러움을 연출하고 있다.

회의중에 복도에서의 떠들썩함 때문에 번거로워지는 호텔이 가끔 있는데 이 곳에서는 있을 수 없는 일이다.

● 독특한 소리

또한 세러피 룸인 〈반다(뉴욕)〉에서는 항상 일본의 거문고곡을 조용히 틀어놓고 있다. 여기는 피로한 몸을 지압풍 맛사지로 풀어주는 곳인데, 맛사지를 받으면서 거문고 소리를 듣고 있으면 몸 속에서부터 치유되어 가는 것을 실감할 수 있다.

● 잡담

반대로 레스토랑 등 실내가 조용함에도 불구하고, 뒤뜰에서 종업원의 잡담이나 웃음소리가 실내로 들어오는 경우가 있다. 이때 고객이 받는 인상은 어떻게 될까?

고찰 3 : 촉각의 사례

호텔에서 의외로 등한시되고 있는 것이 침대보, 타월, 그리고 화장지의 촉감이다. 호텔 쪽에서는 자신들의 로고를 집어 넣는 데는 열심이지만, 촉감에 관한 엄격한 기준을 마련하고 있지 않은 경우가 많다. 이러한 맨살에 닿는 물품들에 대한 배려는 고객의 인상을 크게 좌우한다. 한편, 이 문제의 곤란한 점은 고객도 이러한 사실을 의식상으로는 명확히 인식하고 있지 않다는 데 있다. 타월의 촉감이 특별히 좋은 경우에는 인상에 남지만, '보통'일 때에는 기억하지 못한다. 호텔 측에서 보면, 인상을 남길 수 있는 모처럼의 기회를 잃은 셈이 된다. 참으로 안타까운 일이다.

고찰 4 : 미각의 사례

호텔 안에 있는 레스토랑이 유명해지면, 호텔의 브랜드와 함께 그 레스토랑의 브랜드도 상승 효과에 의해서 가치가 높아지게 된다. 다만 일반적으로 이와 같은 행복한 브랜드 시너지가 생기는 일은 극히 드물다.

〈어퍼 호텔〉체인은 값이 쌀 뿐만 아니라 '가격에 비해서는 쾌적한 숙박 기분'을 내세워서 실적을 올리고 있는데, 창업자의 경영 방침에 의해서 아침식사에 특히 힘을 쏟고 있다고 한다. 분명히 〈어퍼 호텔〉니시아사후의 아침식사는 맛있고, 체류중에 매일 먹어도 싫증이 나지 않았다.

뉴욕에서는 〈진 조지〉 레스토랑이 센트럴파크의 〈트럼프 인터내셔널 호텔〉안에 있는데, 별 4개의 프렌치 레스토랑으로 유명하다.

◑ 고찰 5 : 후각의 사례

맨해튼의 〈피에르 호텔〉이나 오사카의 〈데이고쿠 호텔〉에서는 손님이 입구에 들어서면 향기로 맞아들인다. 그 밖에 호텔은 아니지만 바디 숍, 소니 플라자 등의 호텔 안을 가득 채우는 '외국의 냄새'는 브랜드를 특징지우는 데 공헌하고 있다. 공항에 있는 면세점 안의 화장품 냄새에 의해서 자아내지는 독특한 분위기는 "해외 여행을 하러 나와 있다!"는 강한 생각을 만들어내서 구매 의욕을 촉진시키는 작용을 하고 있다.

이와 같이 고객은 자신의 5감을 총동원하여 브랜드를 체험한다. 어느 것이나 모두 눈에 보이지 않기 때문에 고객은 '미리 손에 들고 시험해볼' 수가 없다. 그만큼 리스크를 짊어지고 있다는 의미가 된다. 이러한 고객의 리스크에 성실히 보답하자.

밭(=기업 밖)에서 키운다

그런데 인터넷이 경영에 침입해 들어와 있는 비즈니스 환경에서 브랜드는 어떻게 되는가? 뉴욕에 소재한 마케팅 회사인 〈시겔겔〉사의 전 마케팅 담당자인 앤드류 졸리는 "건축이라기보다는 정원가꾸기"라고 한다. 그 뜻은 기업의 컨트롤 아래 브랜드를 건축해가는 것 같은 접근이 아니라 정원가꾸기처럼 많은 시간을 투자하고 자신으로서는 어떻게 해볼 수 없는 외부 요인(정원가꾸기라면 날씨나 토양 변화 등)이 행방을 좌우한다는 것이리라.

또 앤드류 졸리는 브랜드가 인터넷에서 고객이 참가하는 공동체를 갖는 것을 전제로 하고 있는 것 같다. 분명히 공동체에 의해서 소문을 의도적으로 내서 바이럴 마케팅을 하거나, 고객의 소리를 듣거나, 제품 개발에 살리는 것은 현대의 축제형 시장에는 필요하겠지만, 브랜드 구축에 시간이 걸리고 또한 시간이 걸려야 한다는 것과 브랜딩이 어느 단계를 넘어가면 기업의 컨트롤로부터 이탈해 버린다는 것은 지금 시작된 일은 아니다. 왜냐하면 브랜드는 기업 '안'에 있는 것이 아니라 '바깥', 즉 고객의 마음속에 존재하는 것이기 때문이다. 농사일처럼 정성을 들여가면서 육성해 가야 하는 것이다.

월요일에 시책을 입안하고, 수요일에 결과가 나왔다고 하는 것은 브랜드 만들기에서는 있을 수가 없다.

여기서 지레짐작을 하고, 그렇다면 브랜드는 컨트롤 밖에 있으니 어느 정도 하고 나면 '정관(靜觀)'하고 있으려고 생각하는 것은 위험한 일이다. 되풀이하지만, 브랜드는 명사가 아니라 동사이다. 브랜드는 '있는 것'이 아니라 '행동하는 것'이다.

고객 접촉의 모든 면에서 브랜드의 약속을 행하는 것은 경영자나 마케팅 담당자의 일이 아니라 사원 전체의 일상 업무인 것이다.

☞ Brand, May the force be with you

브랜드를 농업형으로 연마하고 있는 사례를 소개하겠다.

〈더 포스 네트 : www.theforce.net〉는 스타워즈의 팬 사이트이다. 하루 5만 명의 팬들이 방문하고, 9000페이지의 컨텐츠를 자랑하며, 미국을 비롯해서 캐나다 · 유럽 · 호주로부터 스태프가 참가하고 있다. 최신 자료가 풍부하므로 스타워즈에 대해서 알고 싶으면 이 사이트에 들어가면 우선 알고 싶은 정보를 얻을 수 있다. 이 사이트의 가장 큰 특징은 운영하고 있는 사람들이 전원 무보수의 자원봉사자이고 〈루카스 필름〉과는 아무 관계가 없다는 것이다. 그러나 운영에는 관계가 없어도 〈루카스 필름〉 측은 이 사이트에 컨텐츠를 제공하고 있다. 인터넷이 저작권을 무력화하고, 컨텐츠가 무료화해 버리는 '냅스터 현상' [18]이 일어나는 가운데 굳이 협력 자세를 취하고 있다.

〈루카스 필름〉의 마케팅 담당부사장 짐 워드는 "스타워즈는 모두의 경험을 모은 것이고, 모두가 그것을 함께 나눔으로써 설립되어 있기" 때문에 상관 없다고 했다. 한 달에 1만 달러나 들어가는 사이트의 운영비는 〈스노볼 닷컴 : 캘리포니아 주 브리스베인의 미디어 프로덕션〉의 어필리에이트[19]에서 조달하고 있으나, 가장 중요한 컨텐츠는 〈루카스 필름〉이 제공하고 있다.

〈스타워즈〉 브랜드는 이와 같이 '팬'의 운영에 의해서 연마되어 간다. 위험한 일은 '좋은 이야기' 뿐만 아니라 '나쁜 이야기'도 이러한 커뮤니티 사이트에 의해서 고속으로 흘러가 버린다는 것이다. 그러나 〈스타워즈〉는 이미 태어난 지 23년이나 되는 '오래된 점포'이다. 다소의 '나쁜 이야기' 정도로는 끄떡도 하지 않는 브랜드의 축적이 있는 것이다.

같은 무렵에 생겨난 브랜드라고 한다면, 펜테루노후데펜

(1976년), 야마토 운수의 택배편(1976년 1월 20일, 첫날 취급 물품은 단 2개였다)이 있다. 〈소니〉의 워크맨이 1979년이니 스타워즈 쪽이 선배다. 23년 동안 '팬들' 속에 축적해간 '브랜드'를 인터넷을 이용해서 보다 깊이, 옆으로 확장해갈 수가 있다. 〈더 포스 네트〉와 같은 '회사에 가까운 팬'의 집합이 브랜드를 농업처럼 보다 장기적으로 키워나가는 데 도움이 되고 있다.

👆 브랜드는 생물이고 에스테틱스는 생명이다

우주소년 아톰은 본래 덴바 박사가 가장 사랑하는 아들 도비오를 사고로 잃은 후 아들 대신에 만든 로봇이다. 〈도비오〉 로봇이 움직이기 시작했을 때, 덴바 박사는 "도비오가 다시 태어났다."면서 크게 기뻐했다. 그런데 시간이 흘러감에 따라 도비오 로봇의 키가 조금도 자라지 않는 것(당연하지만)에 짜증을 내기 시작했다. 도비오 로봇에게 욕을 퍼붓고, 로봇 상인에게 팔아 넘겨 버렸다. 그러나 서커스단에 있던 도비오 로봇은 과학성 장관인 오자노 미즈 박사에게 인도되었고 '아톰'이라는 이름을 갖게 되었다.

그런데 아톰이 몇 년이 지나도 어른이 되지 않는 것은 왜 그런가? 생물로서의 '생명' 이 없기 때문이다. '생명' 은 눈에 보이지 않는 것이지만, 눈에 보이는 몸의 팔 · 다리 · 몸통 등의 각 부분은 아무리 정교하게 로봇으로 만들었다 해도 거기에는 '생명' 이 생겨나지 않는다. 부분의 합이 전체가 되지는 않는다.

『브랜드 마인드 세트』에서

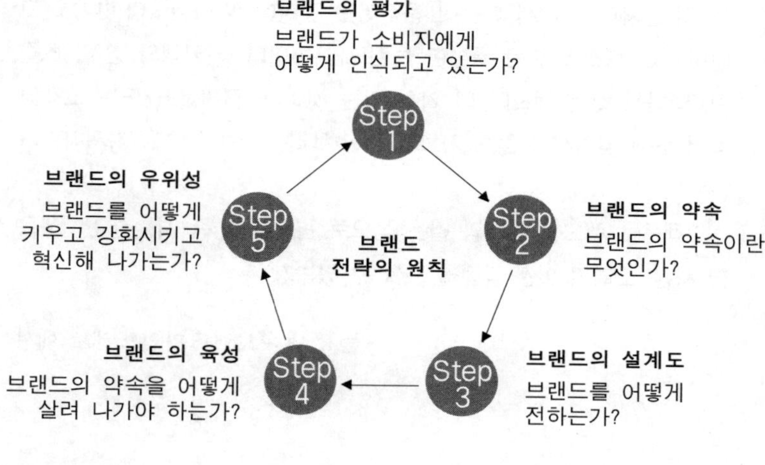

【브랜드 전략의 원칙】

브랜드는 생물과 비슷하다. 네임, 로고, 태그 라인, 포장지 등 아무리 브랜드를 구성하고 있는 요소를 합해도 '진짜' 브랜드는 태어나지 않는다. 거기에 '생명' 을 불어 넣어야 한다. 다시 말하지만 에스테틱스에 뒷받침된 고객 인상의 종합이 브랜드를 형성하는 것이다. 즉 에스테틱스= 브랜드의 약속 × Σ(고객 인상의 종합)가 브랜드의 생명이 되는 것이다.

브랜드는 눈에 보이지 않는 것이기는 하지만, 전체적인 것으로서 고객의 마음속에서 형성되어야 하는 것이다. 그 속성의 일부밖에 고객의 마음속에 새겨질 수 없다면, 이윽고 다른 어떤 것인가와 대체되든가, 간단히 잊혀지게 될 것이다. 예를 들어 '싼 값' 만을 내세우고 있는 브랜드는 더 싼 브랜드가 나타난다면 그것으로 수명이 다한다. 그리고 인터넷 세계에서는 원 클릭, 몇 초 간의 수명밖에 갖지 못하는 일도 있을 수 있다.

〈아웃포스트 닷컴 : www.outpost.com〉이라는 PC와 주변기기의 온라인 숍이 2001년 4월 22일, 구매 이력이 있는 고객들에게 메일을 보냈다. 그 내용은 대략 다음과 같다.

@ '닷컴에게는 괴로운 나날이 계속되고 있다. 그것 보라고, 온라인 숍 같은 것은 오래 가지 못한다고 주장하는 사람들이 나타나고 있다. 우리들은 그들이 잘못되어 있다는 것을 증명하기 위해서라도 지금까지 버텨 왔다. 그러나 배송료 무료라는 것은 솔직히 버겁다. 비틀스도 영원하지 않았던 것처럼, 배송료 무료도 영원하지 못하게 되었다. 그래서 대책을 이것저것 궁리한 결과, 이렇게 하는 것이 가장 좋겠다고 생각했다. 즉 기본 배송료(이틀 뒤 우송)는 3.95달러, 그 이튿날 배송이라면 5.95달러이다. 이것도 다른 회사에 비하면 싸다고 생각한다.'

여기에 대한 고객의 반응은 냉랭했다.

내가 〈아웃포스트 닷컴〉에서 사는 이유는 단 한 가지, 배송료가 무료였기 때문이다. 이제 살 이유가 없어졌다.

– 어떤 사이트 게시판에 나온 미국인의 발언

　도 〈아웃포스트〉에서 물건을 구입한 적이 있는데, 요컨대 왜 샀느냐 하면, 배송료가 공짜였기 때문이다. 그렇다. 〈아웃포스트〉 브랜드의 장점은 '배송료가 공짜' 라는 것 한 가지뿐이었던 것이다. 고객과 친밀한 관계를 구축하는 것도 없고, 〈아웃포스트〉만의 명확한 약속이 있는 것도 아니고, 어딘가 다른 곳에 없는 에스테틱스가 있는 것도 아니었다. 정적(靜的)인 '배송료 공짜' 라고 하는 시스템이 있었을 뿐이다. 이것만으로는 도저히 '튄다' 고는 할 수 없다. 하물며 브랜드를 행동하고 있다고도 할 수가 없다. 뭔가 새로운 〈아웃포스트〉 브랜드로서 행동하는 '튀는 것' 을 내놓지 않는다면 '괴로운 나날' 은 앞으로도 계속될 것이라고 생각한다.

✋ 브랜드를 행동하자

고객과 접촉이 있는 모든 장면에서 브랜드의 약속을 행동하자. 튀는 것을 보여 주자. 야쿠르트 아줌마는 매일 야쿠르트 브랜드를 행동하고 있다. 편의점의 카운터에서 손님에게 거스름 돈을 건네줄 때, 아르바이트생 사토루 군은 그 편의점의 브랜드를 행동하고 있다. 지역 상가의 행사에 참가를 요청받았을 때, 편의점의 지점장은 브랜드를 행동하는지 어떤지 관찰당하게 된다. 특히 외부에서 개설한 편의점인 경우, '지역과 함께 장사한다' 는 자세가 그대로 그 점포의 브랜드, 에스테틱스를 형성한다고 해도 과언이 아니다. 온라인 숍에서 배송한 물건을 반품하고 싶다고 고객한테 전화가 걸려 왔을 때, 당신의 응답이 그대로 브랜드의 행동이 된다. 카탈로그에 게재되어 있는 상품에 대해서 e메일로 문의가 왔다. 이 e메일에 대답을 하는 '반응 속도', '내용', 'e메일을 읽은 뒤의 감상' 등 모든 것이 브랜드의 행동이 된다.

거창한 자세를 취할 필요는 전혀 없다. 홈런을 노릴 필요가 전혀 없다. 그것보다 일상의 플레이를 건실하게 하고, 땅볼은 허리를 낮추고 글러브에 손을 대고 양손으로 잡는다. 센터가 잡아야 할지, 레프트인 자신이 잡아야 할지를 알 수 없을 때에는 "올 라이트!" 하고 소리를 지른다. 이러한 한 가지 한 가지를 확실하게 처리한다. 이것이 바로 브랜드를 행동하는 것이 된다.

Lessons learned

브랜드를 행동하기 위하여 당신이 할 수 있는 것

1. 튀는 모티브를 발견하자.
2. 브랜드를 명사가 아니라 행동하기 위한 동사로 파악하자.
3. 밭에서 농작물을 기르는 마음가짐으로 차분히 허리를 낮추고 브랜드 연마에 착수하자.
4. 브랜드는 전체로 표현하는 것이지, 부분의 집합체가 아니라는 것을 똑똑히 마음에 새기자.
5. 고객 접촉의 모든 장면에서 하나씩 하나씩 확실하게 행동하자. 당신의 행동이 고객의 마음속에 브랜드를 형성하는 것이다.

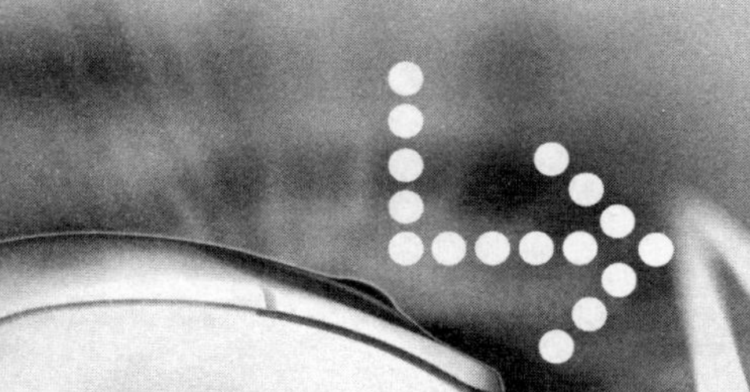

상상력에 날개를

눈에 보이지 않는 '지식'을 활용
하는 것이 경쟁력의 원천이다

 ## 상상력은 경쟁력

비즈니스의 현장에서 상상력의 결여가 매우 심하게 나타난
다.

비즈니스력에 대해서 이야기하는 경우 전문 지식, 기획력, 교
섭 능력, 정보 수집 능력, 분석력이 커다란 비중을 차지하는 일
이 많다. 그러나 현실의 비즈니스 현장에서 가장 필요한 것은
상상력이다. 상상력은 경쟁력인 것이다.

나는 서류나 책을 많이 갖고 다니기 때문에 일본 출장중에는
아무래도 무거운 여행 가방을 끌고 떠나는 일이 많다. 여기서
여행 가방을 들고 이동하는 행위에 얽힌 사례를 들어 보겠다.

어느 것이나 모두 관계자에게 놀랄 만큼 상상력이 결여되어 있
다는 것을 알 수 있을 것이다.

👆 여행 가방 하나만 봐도
이 정도의 상상력 결여가 ……

➡ 나리타 공항의 카트
여행 가방을 옮기기 위해 사용하는 카트의 밑바닥은 20도 가
량의 급경사가 있다. 밑바닥이 평탄하면 짐을 바닥에서 조금만
들어올려도 얹을 수가 있지만, 각도 때문에 일단 바닥에서 높이
들어올릴 필요가 있다. 대단한 힘이 필요하다.

제품 설계자와 공항 관계자는 어떤 장면에서 이 카트를 사용
할까 하는 상상력을 갖고 있지 않았다는 것을 나타내주고 있다.
짐이 가벼우면 처음부터 카트는 필요 없을 것 아닌가? 무거운
가방을 두 개 이상 끄는 것이 힘들어서 카트를 사용하는 것이
다. 나는 카트 때문에 허리를 다쳤다.

➡ JR 하마마쓰쵸 역
하네다 공항 모노레일의 접속역인데도 불구하고, 엘리베이터

는 물론이고 에스컬레이터조차 없고 계단뿐이다. 더구나 계단의 높이가 높았다. 비행기를 이용하는 손님들은 무거운 짐을 갖고 있다는 것은 관계자의 상상력 범위 밖인 모양이다.

🔘 JR(일본여객철도) 도쿄 역

여행 가방을 들고 도쿄 역을 이용한 경험이 있는 사람이라면 알겠지만, 그것은 몸을 혹사시키는 중노동이다. 역 구내의 어딘가에 틀림없이 엘리베이터가 있을 테지만 알 수가 없다. 언젠가 신칸센 플랫폼에서 역무원에게 물었더니 눈 앞에 있는 JR 관계자 전용 엘리베이터를 사용하겠다는 줄로 오해하고, "이것은 손님용이 아닙니다." 하고 난처한 표정을 지었다. 그것이 아니라 어딘가에 엘리베이터가 있으면 그것을 사용하고 싶다고 했지만, 없다고만 대답했다. 너무 무거워서 들어올릴 수가 없는 가방이었기 때문에 계단을 쿵쾅쿵쾅 굴리면서 내려갔다. 장애인을 위한 시설도 없었다. 무거운 가방을 들고 있는 사람이나 휠체어를 탄 사람에 대해서는 상상조차 한 적이 없을 것이다. 오사카 역이나 신오사카 역도 이 점은 마찬가지다.

그런 점에서, 신칸센 나고야 역은 완만한 슬로프가 배치되어 있고, 계단의 높이도 낮아서 참 편리했다.

🔘 신칸센

신칸센은 짐이 없는 사람이 아니면 탈 수가 없는 기차이다.

그린 차량 외에는 여행 가방을 놓는 장소가 없다. 나는 그린 차량과 일반 차량의 쾌적함에 차이를 느낄 수가 없어서, 값비싼 1등 요금을 지불할 생각이 없었기 때문에 일반 차량으로 가기로 했다. 그것이 잘못이었다.

　일반 차량에서 여행 가방을 놓을 수 있는 곳은 맨 뒤쪽의 등받이 뒤의 공간밖에 없어서 사전에 창구에서 좌석 지정을 해두었다(상상력이 없는 창구 담당자가 그런 것까지 지정하느냐는 듯한 얼굴을 했지만). 건네받은 차표는 1호차 좌석이었다. 여기서 안심해서는 안 된다. 상상력을 발휘하여 좁은 차량 안의 통로를 커다란 가방을 가지고 걸어가면 앉아 있는 사람의 무릎에 부딪치거나 차내 판매원과 부딪치면 곤란하다고 생각하고 좌석이 있는 쪽의 출입구로 올라타기로 했다. 플랫폼에 있는 역무원에게 확인하고 그 출입구가 멈추는 장소에서 기다리고 있었다. 나중에 열차가 역에 도착해서 안 것이지만, 최신형 700계열의 차량에는 나의 좌석이 있는 쪽(운전석 쪽)에는 출입구가 없었다. 황급히 죽을 힘을 다해서 플랫폼을 이동하여(주위 사람들의 호기심에 찬 시선을 한몸에 받으며 다음 열차를 기다리는 한가한 사람들에게는 좋은 구경거리였으니), 플랫폼에서 높이 떨어진 열차 발판(플랫폼과 열차 발판 사이의 높이 차는 두 배이었다)을 "영차." 하고 통과해서, 황급히 올라 탔다(창구 직원이 조금만 상상력이 있었더라면 이런 일은 일어나지 않았을 것이다).

여행 가방은 가로 폭이 53cm나 되었다. 열차 통로 폭과 거의 같았다. 무릎을 내밀고 있는 사람에게 미안하다고 사과를 하면서, 동시에 기이한 시선과 부딪치면서(일본인은 이럴 때 반드시 '여행 가방 같은 것을 갖고 타는 쪽이 잘못'이라는 시선으로 쳐다본다) 차량 맨 뒤쪽(운전석이 있는 쪽이니, 제일 앞쪽이라고 해야 하겠지만)의 내 자리까지 이동을 했다. 신형 차량은 유선형[20]이라서 앞쪽으로 갈수록 차폭이 좁아졌다. 앞쪽 끝 근처의 좌석에는 짐을 놓기 위한 대가 놓여 있어서 가방이 통과하지를 못했다. 그래서 비스듬이 하여 겨우 지나갈 수가 있었다.

신칸센의 정의는 무엇인가? '초고속 열차'인가? 그러나 도쿄에서 오사카에 가는 데도 나는 신칸센을 이용하지 않는다. 비행기 쪽이 빠르고 요금이 싸기 때문이다. 더구나 나처럼 짐이 많거나 무거운 짐을 가진 사람에게는 비행기 쪽이 짐을 맡아주는 것만으로도 얼마나 고마운지 모른다. 이제 속도는 더 이상 필요 없을 것이다. JR는 이제 슬슬 신칸센의 정의를 재검토해야 할 때가 아닐까? '초고속'이 아니라 '최상의 쾌적한 공간'으로 말이다.

🔁 마쿠바리

지바 현의 JR 우미하마 마쿠바리 역전에는 공중 회랑이 있는데, 그 회랑에 올라가는 수단은 에스컬레이터와 계단이었다. 엘리베이터는 없었다. 더구나 내가 갔을 때는 JR의 역과 회랑과 에스컬레이터 모두 검사중이었다. 따라서 무거운 가방을 들고서 계단을 오르내리지 않으면 안 되었다. 마쿠바리라고 하면 회의나 전시회가 자주 열리는 곳이다. 그 밖의 용건으로 그 역에 가는 경우는 좀처럼 없을 것이다. 당연히 해외에서 찾아오는 방문객이 많을 것이다. 그러나 그 점은 전혀 고려되어 있지 않았다. 이러한 것은 주변의 호텔도 마찬가지여서 '나 몰라라' 했다. 각자가 낙지를 잡는 항아리처럼 자신의 일을 할 뿐이고, 고객의 쾌적함을 추구하려는 발상이 없었다.

상상력의 결여는 여행 가방 주변에서 그치지 않는다는 것을 깨달았으리라고 믿는다.

JR 도쿄 역의 사례에서 언급했지만, 장애인 존중의 사상이 없는 것이다. 휠체어를 타고 하는 여행은 엄청나게 불편할 것이라는 것을 알 수가 있다. 그리고 이러한 관점은 자신이 고생을 해 보지 않고서는 깨닫지를 못한다. 나도 여행 가방 때문에 고생을 하지 않았다면, 휠체어의 수난을 '몸으로' 느낄 수가 없었을지도 모른다.

휠체어를 타고서 맨해튼으로 여행을 온 사람(일본인)이 '이 도시는 휠체어로 갈 수 없는 곳이 없다.'고 감동을 했다. 그리고 보면, 이 도시의 장애인에 대한 배려는 깊다. 버스를 타고 가다가 문득 깨닫고 보면 차가 계속 멈춰 있다. 그럴 때는 휠체어를 탄 승객이 타거나 내리고 있는 것이다. 승객도 기이한 눈으로 쳐다보는 일이 없으며, 모두들 잠자코 버스의 출발을 기다리고 있다. 사회도 깊이 이해를 하고 있다.

장애인 존중에 대해서 논하는 것이 취지는 아니지만, 상상력이 필요하다는 것의 사례로 언급한 것이다.

명(밝음)의 지식, 암(어둠)의 지식, 묵(고요함)의 지식

상상력에 대해서 생각하기 위해 '지식'을 고찰해 보자. 도코반 후미가츠에 의하면 지식에는 '명의 지식', '암의 지식', '묵의 지식'이 있다. 다음은 이 정의를 인용한 것이다.

'명(明＝밝음)의 지식'이란 언어나 문자·수치·도표 등으로 명시적으로 나타낼 수 있는 것이며, 인간과 인간 사이에서 공유하기 쉬운 지식이다. 말로 하는 설명, 서류 등 우리들은 일상적으로 이 '명의 지식'으로 일을 하고 있다고 해도 좋다. 데이터베이스화할 수 있는 지식이며, 정보 네트워크 위에서 거래되는 것도 이 지식이다.

'암(暗＝어둠)의 지식'이란 명확하게 언어로 표현하기는 어렵지만,

인간의 신체에 속하는 지식이다. 분명히 인간이 가지고 있는 지식이지만 전하기가 힘들다. 그러나 전해질 때는 암과 암으로 전해지는 것이다. 또 같은 직장의 동료 사이에서 많은 말을 쓰지 않더라도 그럭저럭 서로 이해하고 공유하고 있는 지식이기도 하다. 작업 현장에서는 이 지식의 응수가 빈번히 행해지고 있다.

'묵(默＝조용함)의 지식' 이란 잠자코 거기에 놓여 있는 지식을 가리킨다. 신이 살그머니 거기에 놓아 둔 지식이다. '암의 지식' 보다 한층 더 안쪽에 있는, 회사 같으면 기업 문화나 풍토나 집단에 속하는 지식이다.

– 도코반 후미가츠 :『 '질' 의 경영론』에서

요리를 예로 들어 보자. 내가 유명한 주방장한테 요리를 배운다고 하자. 주방장이 요리법을 종이에 써 주었다. 요리법은 '명의 지식' 이다. 이것은 눈에 보인다. 말로 해서 남에게 전할 수가 있다. 그리고 주방장이 이렇게 하는 것이라고 직접 요리해 보인다. 이것은 '암의 지식' 이다. 주방장 개인의 속에 있는 지식이어서, 나로서는 전환이 불가능하다. 말로는 할 수가 없다. 즉 눈에 보이지 않는다. 요리 실습이라는 것은 이 '명의 지식' 과 '암의 지식' 을 주고받는 것을 되풀이해 가는 것이고, 주방장 개인의 속에 있는 '암의 지식' 을 '명의 지식' 으로 전환해가는 작업이라고 할 수 있다. 그러나 '요리의 솜씨' 라는 것이 있다. 이것은

'명의 지식'일 뿐만 아니라 주방장이 요리사로서 지금까지 살아온 인생의 축적에 의해서 생겨난 '묵의 지식'은 스며나와 있는 지식이라고도 할 수가 있다. 그러니까 내가 요리한 '결과'와 주방장이 요리한 '결과'는 차이가 나야 당연한 것이다.[21]

☝ 스톡의 지식과 플로의 지식

한편, 지식에는 스톡과 플로의 두 가지 면이 있다. 특히 현대의 비즈니스 환경에서는 이 두 가지를 똑똑히 인식하고 구별할 필요가 있다. 그 이유는 다음과 같다.

당신의 일 가운데는 'e메일을 처리'하는 것도 포함되어 있을 것이다. 손정의가 어딘가에서 "e메일의 수만큼 의사 결정을 하고 있다."고 말했는데, 참으로 옳은 말이다. 당신이 하루에 몇 통의 메일을 취급하고 있는지는 모르지만, 어느 것이나 모두 '빨리 대답을 하지 않으면 안 된다'는 강박관념 비슷한 것에 재촉을 받아서 생각하고 대답을 하고 있을 것이다. 거기서 요구되는 것은 운동 신경에서 말하는 순발력이다. 그러나 이것은 플로의 지식이며, 오락실의 두더지 때리기와 비슷하다. 눈 앞에 나타나는 문제를 차례차례 두들겨서 해결하는 것이지, 차분히 QOL 퀘스트를 하는 비전 아래서 문제와 대결하는 것이 아니다. 말하자면 걸어가야 할 길은 이미 정해져 있어서, 그 길을 어떻게 잘 걸어가야 하는가를 생각하는 것과 같다.

이것과 반대로, 비전에 의거한 상품 만들기나 고객에 대해서 차분히 발을 땅에 붙이고 생각하고 또 깊이 생각하는 것은 특별히 그것을 위한 시간을 마련하고 실행해야 한다. 걸어가야 할 길을 생각해내는 것과 비슷하다. 그때의 관점은 일상보다 약간 높아진다. 마치 장기를 두고 있으면서 장기판 전체를 위에서 내려다보는 느낌과도 비슷하다. 이것을 플로의 지식에 반하여 '스톡의 지식'이라고 부르자. 스톡의 지식을 위해서는 강제적으로 스스로를 일상의 작업장에서 떼어놓아 생각하는 장소를 준비할 필요가 있다. 사람에 따라서는 산책일지도 모르고, 어딘가 방에 틀어박히는 것이 될지도 모른다.

내 경우는 스포츠 센터에서 헤엄치고 있을 때와 나중에 들어가는 증기탕이 스톡의 지식을 사유하는 데 안성맞춤의 장소로 되어 있다. 풀에 들어가 잠수를 하고 평영의 첫손짓을 하면, 자연히 그때 안고 있는 문제를 구성하고 있는 요소가 산발적으로 머리에 떠오른다. 그리고 풀에서 나와 증기탕에 들어가서 지금 떠오른 요소를 다시 생각해본다. 생각하고 또 생각하고 깊이 생각한다. 그러면 항상 그런 것은 아니지만, 문득 어떤 하나의 '흐름'이 만들어진다. 요소가 하나의 흐름 아래 방향을 갖는 것이다. 아르키메데스가 "유레이카(나는 발견했도다)!" 하고 욕조에서 뛰쳐 나온 심정을 잘 알 수 있다. 뇌 안에 도파민이라는 물질이 분비되어서 기분이 대단히 좋았을 것이다. 나도 아이디어를 적어 놓을 것이 없어서 벌거벗고 뛰쳐 나오고 싶어질 때가 있다. 그럴 때는 황급히 샤워를 하고 빌딩 위층에 있는 내 방으로 뛰어들어가서 옷도 갈아 입지 않고 PC를 마주하고 앉는다. 사실은 지금 이 원고도 그렇게 해서 썼다. 증기탕 속에서 '플로의 지식, 스톡의 지식'이라는 반대되는 개념을 머리에 떠올려 쓴 것이다.

그리고 이 스톡의 지식을 끝까지 생각할 때에는 상상력의 날개를 크게 퍼덕이지 않으면 안 되는 것이다.

👆 세로의 원인은 가로에 있었다

그렇다면 상상력은 어떤 때에 활용되는지, 그 사례를 생각해 보자.

외벽에서 빗물이 샌다고 건재상에 연락이 왔다. 그 회사가 외벽재를 납품한 건물이었다. 즉시 담당자가 베테랑 기술자를 데리고 현장으로 달려 갔다. 건물은 5층짜리 사무실 빌딩이었다. 비가 벽으로 스며들어서 새고 있었다. 비가 새고 있는 장소는 화장실 옆의 벽 같았다. 시공주[22]는 이렇게 말했다. "자세히 살펴보았으나 잘 알 수가 없다. 이러한 경우, 벽 본체가 아니라 개구부(창)에 붙여 놓은 샤시가 잘 맞지 않아서 물이 새어들어 오는 경우가 있다. 체크를 했으나 그런 것 같기도 하고 아닌 것 같은 느낌도 든다. 잘 알 수가 없다." 베테랑 기술자는 무슨 생각이 났는지 옥상으로 올라갔다. 그는 옥상 모서리에 있는 배수구들을 체크하기 시작했다. 배수구는 8개가 있었는데, 한 곳을 제외하고 모두 풀이 무성하게 자라 있어서 배수 기능을 제대로 하지 못하고 있었다. 먼지가 쌓여 흙이 되어서 배수구를 메우고, 바람에 의해 날아온 꽃씨가 싹을 내서 풀이 자라고 있었다. 꽃까지 피어 있었다. 그리고 물이 새고 있던 그 외벽면만이 유일하게 입을 벌리고 있는 배수구가 있는 앞이었다. 옥상에는 경사가 있었고, 그 면은 물 아래에 있었다. 즉 비가 내리면 옥상에 고인 물이 모두 그 한 곳의 배수구에 집중되는 것이었다. 외벽은 옥상보다 높이 솟아 있는 양식(parapet)으로 시공되어 있었다. 배수구 한 개의 배수 능력을 초과한 물은 그 면의 외벽면 내부에 고여 있었던 것이다. 그리고 갈 곳을 잃은 물은 조그만 틈새로 새어 나가 외벽을 타고 흘러내리고 있었던 것이다. 빌딩을 다 지은 후, 옥상에는 좀처럼 사람이 올라가지 않았다. 하물며 청소 같은 것은 하지도 않았다. 그것이 맹점이 되었던 것이다.

해결방법은 문제의 배수구를 모두 깨끗이 청소하고(그 자리에서 건재상 담당자가 직접 청소를 해버렸다), 패러펫 외벽면과 옥상면 사이를 다시 방수공사를 하는 것이었다. 그래서 비가 새지 않게 되었다.

결국 물이 새는 원인과 결과는 직선적으로 이어지는 것이 아니고, 세로의 외벽에서 물이 새는 원인은 사실은 가로(수평)의 옥상 배수구였던 것이다. 베테랑 기술자의 경험이 낳은 상상력의 선물이라고 할 수 있을 것이다. 부분에만 초점을 맞추어 인과를 생각하는 것이 아니라 전체를 크게 파악하여 생각하고 있다.

👆 〈몬쥬〉의 사고 원인도 상상력의 결여에 있었다

가르츠 하지메의 『 '제품 만들기' 는 국가다』에 소개되어 있는 일이다.

1999년의 고속 증식로 〈몬쥬〉의 대사고는 온도계용 파이프가 부러졌기 때문에 일어났다. 설계 도면에는 파이프의 구부러진 부분이 직각으로 되어 있었다. 그런데 파이프를 직각으로 구부리면 하중에 견디는 힘인 응력의 집중이라는 현상에 의해서 직각 부분의 강도가 약해진다. 둥글게 했어야 옳았던 것이다. 실제로 제조를 하청받은 하청 회사의 베테랑 담당자가 "둥글게 하지 않으면 부러집니다." 하고 지적했던 모양이다. 그러나 발주자 측이 납득하지 않고 도면대로 만들라고 지시해서 실제로 파이프가 부러져 버렸다고 한다. 도면은 '명의 지식' 이다. 그러나 거기에서 물건을 만들어낼 때에는 '암의 지식'과 '묵의 지식'을 충분히 활용하지 않으면 안 된다.

'통달한 선반공' 고세키 도모히로의 『도시 공장 우수한 것 만들기』에 명인이라고 불리는 금형직공이 생각을 거듭하여 어려운 문제를 해결하는 사례가 소개되어 있다. 그는 도면에 써 있지 않은 눈에 보이지 않는 부분에 초점을 맞추었던 것이다. 만들고 있는 과정에서 파쇠, 고철로 버리는 재료를 집중 연구해서 그 해답을 얻고, 그 덕택에 그때까지 아무도 완성하지 못했던 일을 성취했다. 이것도 직공의 지금까지의 직업생활에서 몸에 익힌 '암과 묵의 지식'을 총동원해서 얻어낸 결과라고 할 수 있다.

되살아난 삐삐

삐삐23)는 휴대전화 때문에 그 수명이 다했다고 생각하고 있었으나, 새로운 이용 방법이 행해지고 있다. 전광판이 달린 자동판매기에 삐삐의 전파를 사용해서 실시간으로 정보를 발신하는 것이다. 고베 시는 일본 전국의 자치단체보다 앞서서 1999년 5월 재빨리 도입했다.

자동판매기는 UCC 우에지마 커피나 네슬레 비버리지의 것이었다. 〈네슬레〉는 자동판매기를 전국에 800대를 설치했다. 고베 시에는 JR 산미야 역 외에 60대가 있었다. 고베 시청 방재과의 컴퓨터로부터 삐삐의 문자 정보 시스템과 같은 구조로 자동판매기에 정보를 발신하는 것이었다. 평소에는 이벤트나 방재 정보 등을 보내고 있지만, 재해가 발생했을 때에는 실시간으로 피해 상황이나 피난처 정보를 발신한다. 대지진의 교훈으로 정보 매체의 복합화를 도모하고 있었던 것이다. 2000년 10월 6일, 돗도리 현 서부 지진이 발생한 직후에는 "진도 4를 관측했습니다. 여러분 침착하게 행동해 주십시오."라고 하는 문자를 발신했다.

훌륭한 상상력의 산물이다.

☝ 영업 담당은 인계할 수 없다

영업 담당은 인계할 수 없다고 하는 가설을 제안하고 싶다. 그 이유는 '암과 묵의 지식의 진정한 완전한 인계가 불가능' 하기 때문이다. 예를 들어 보자.

그 회사는 창업한 지 얼마 안 되었다. 창업자의 방침에 의해서 조직 변경이 빈번하게 이루어졌다. 당연히 영업부가 담당하는 구역도 자꾸만 달라졌다. 심할 때에는 조직 변경에 의해서 새롭게 맡은 담당 회사로 인사를 하러 가기도 전에 다음의 조직 변경으로 담당이 바뀌는 일도 농담이 아니라 실제로 일어났다. 그래서 회사 측에서는 영업 담당이 바뀌어도 고객 정보가 전달되고, 조직의 지식으로 남기 위한 장치를 만들려고 했다. 〈마이크로소프트〉사의 어플리케이션 '액세스'를 이용해서 고객 데이터베이스를 작성한 것이다. 그리고 각 영업담당이 일상 업무 중에 각자의 활동을 입력함으로써 데이터베이스의 충실과 갱신을 도모했다. 이렇게 해두면, 담당이 바뀌어도 필요한 지식의 전이는 행해질 것이라고 생각했던 것이다. 그런데 이것은 잘되지가 않았다. 그 이유는 다음과 같다.

이유 1 : 귀찮다.
이유 2 : 입력을 완벽하게 했다 하더라도 거기에 있는 것은 '명의 지식' 뿐이어서, 실제의 영업 현장에서는 사용할 수가 없었다.

'영업 사원의 행동이나 상담의 진척 상황을 관리한다'고 하는 SFA(Sales Force Automation)를 도입해서 성공했다는 얘기를 듣거나 하지만 나는 거짓말이라고 생각하고 있다. 나 자신도 큰 영업 조직에 근무할 때 몇 번씩이나 이런 식의 시도에 영업 담당으로서 직접 참가했으나, 영업 현장에서 중요한 것은 '암과 묵의 지식'이지 이와 같이 정형적으로 기록되는 지식은 단

순한 기호에 지나지 않는다고 생각했다. 예를 들어 같은 '예스'
라고 말한 경우라도, A씨와 B씨하고는 그 안에 있는 것이 다르
다. 그 '안'의 부분은 '암이나 묵의 지식'이어서 '명의 지식'에
는 나오지 않고 굳이 '영업부 내 데이터베이스'로 만들려고 한
다면, '예스'라고 하는 현상밖에 '명의 지식'이 될 수 없기 때
문이다. 그렇기 때문에, '정말로 다음 담당자에게 전하지 않으
면 안 되는 중요한 것'은 눈에 보이지 않는 것이어서 눈에 보이
는 '명의 지식'이 될 수는 없는 것이다. 즉 데이터베이스에는
실을 수가 없다.

영업부의 업무라는 것은 암과 묵의 지식(눈에 보이지 않음)을
명의 지식(눈에 보임)인 영업 결과의 숫자로 전환하는 것이라고
해도 과언이 아니다. 여기에 필요한 것은 싱싱한 상상력이다.
상상력이야말로 '암과 묵의 지식'과 '명의 지식' 사이에 다리
를 놓아 준다.

상상력이란?

그런데 여기서 상상력을 동원하는 것은 어떤 것인가를 정리
해 보겠다.

　1. 경험의 축적에 의한 '암과 묵의 지식'을 충분히 활용하는 것

　2. 그리고 '암과 묵의 지식(눈에 보이지 않음)'을 '명의 지식(눈에 보임)'으로 전환하는 다리 역할을 하는 것

　3. 장기판 전체를 내려다볼 수 있는 시야를 가질 것. 스톡과 플로 쌍방의 지식을 활용할 것

　4. 세로의 원인을 가로에서 발견하는 등 이질적인 것을 결합할 수 있을 것

위대한 예술 작품은 모두 위대한 상상력이 만들어낸 것이다.

영화의 스크린에서 등장 인물이 튀어나오는 것 같은 기상천외한 상상력[24]을 우리들도 손에 넣자. 그리고 업무에 살리도록 하자.

Lessons learned

상상력에 날개를 달기 위해서 당신이 할 수 있는 것

1. 지식에는 눈에 보이는 '명의 지식'과 눈에 보이지 않는 '암과 묵의 지식', 그리고 '스톡'과 '플로'의 지식이 있다. 명확히 이해하고 구별해서 생각하자.
2. 마음에 드는 생각하는 장소를 정해두고, 그 곳에서 강제적으로 '스톡의 지식'을 생각하기로 하자.
3. 이질적인 것을 결합시켜 보자.

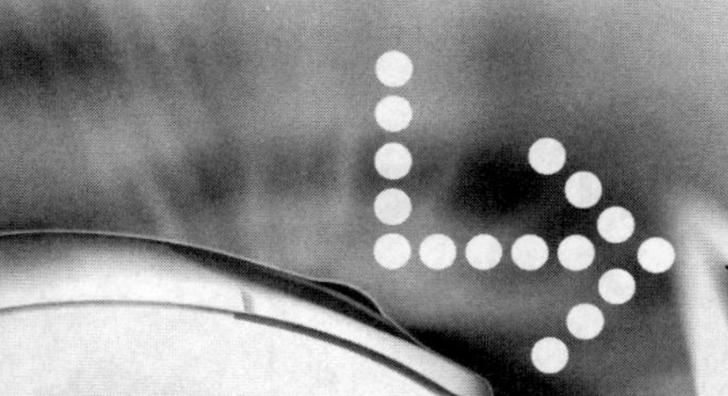

웃는 얼굴로 경영하자

무기질한 경영론보다 사람을 소중히
하는 웃는 얼굴이 조직을 단련시킨다

마셜러

앞으로 비행기를 타는 일이 있으면, 착륙할 때 전방을 주의해
서 보기 바란다. 지시 기구를 들고 양손을 흔들면서 조종사에게
신호를 보내면서 기체를 유도하고, 정지 위치를 지시하는 사람
이 있을 것이다. 그 사람을 '마셜러(비행기 유도 요원)'라고 한
다. 주기장으로의 유도뿐만 아니라 보딩 브리지를 기체에 올바
로 접속시키기 위해서도 마셜러는 중요한 역할을 하고 있다.

비행기는 하이테크의 산물이다. 1490년 레오나르도 다 빈치
는 인력으로 날개짓을 하면서 나는 비행기의 설계도를 처음으
로 그렸는데, 지금은 인력은커녕 조종도 컴퓨터로 제어되고 있

다. 그러나 그런 하이테크 기계로 착륙할 때에는 마셜러, 즉 인간의 신세를 지지 않으면 제대로 정지할 수가 없다. 그리고 비행기 유도는 마셜러 혼자서 행하고 있는 것이 아니다. 기체가 장해물과 접촉하지 않도록 감시하는 날개 감시원이나 보급 구역 내에 있는 기체에 방해가 되지 않도록 주위의 교통을 차단하는 차량 규제원, 기체를 푸시백하는 토잉 트랙터 요원 등 그룹 작업에 의해서 이루어지고 있다. 어느 직종이나 모두 마셜러 못지 않게 풍부한 경험을 필요로 하는 전문직이다.

그렇다. 마지막은 인간인 것이다.

✋ "잘못 찾아왔어요!"

호놀룰루에 출장갔을 때의 일이다. 필요한 것이 있어서 〈아스톤 그룹〉[25] 호텔의 프런트 아가씨에게 어떤 것을 질문했다. 그러자 그녀는 "여기가 아니에요. 잘못 찾아왔어요!"라고 말했다. 그런 말은 있을 수가 없다. "잠깐만 기다려요." 하고 불만을 토로하려고 했지만, 마치 나 같은 것은 존재하지도 않는다는 듯이 전화기를 집어 들었다. 더구나 사적인 전화였다. 브랜드는 고객의 마음속에서 형성된다. 〈아스톤〉이 아무리 좋은 문구를 비전으로 내걸고 있든 간에 이것으로 나에게는 〈아스톤〉 브랜드는 끝장나 버렸다.

　그렇다. 브랜드를 형성하는 장소는 이와 같이 최전선의 고객과의 접촉이다. 그리고 고객과 접촉하는 것은 호텔의 건물도 아니고 훌륭한 웹사이트도 아니다. 바로 사람이다. 사적인 전화를 지금 내 앞에서 걸고 있는 사람인 것이다.

　한편, 내가 숙박하고 있던 콘도미니엄 〈아웃리거 와이키키쇼어〉의 프런트는 아주 작은 테이블이 한 개뿐이었지만, 종업원들은 전원 언제나 웃는 얼굴로 대해 주었다. 아침식사를 늘 하러 가는 〈테라스 레스토랑〉 입구에서 맞아 주는 아주머니(그녀의 역할은 손님을 자리에 안내하는 일이다)의 웃는 얼굴, 그 웃는 얼굴을 보기 위해 매일 아침 같은 레스토랑에 다녔던 것 같다. 나에게 〈아웃리거〉 브랜드는 '웃는 얼굴' 이 되었다.

👆 e메일 마케팅도 인간

　e메일은 대화이다. PC나 휴대전화의 브라우저 화면 저쪽에 있는 사람과 사람의 대화가 아니면 안 된다. 인터넷이 가져다준 새로운 비즈니스 스타일은 기업과 고객을 전체적으로 개인 간에 연결시켜 버린다. 인터넷 '이전' 의 비즈니스라면, 고객 사이

에 중개업자나 '홍보부'와 같은 '쿠션'이 있었다. 그러나 인터넷 이후에는 그렇게 되지 않는다. 고객은 기업과 개인이 접촉하는 것을 당연하다고 생각하고 있으며, 거꾸로 그것을 할 수 없다면 인터넷에 손을 내밀어서는 안 되는 것이다. 손을 내미는 것을 '손을 내밀 수 있는' 힘을 가진 개인이 담당하지 않으면 안 된다.

제1장에서 언급했었던 ⟨1-800-플라워즈⟩의 사례를 기억해 보기 바란다. 담당자는 내가 기념일을 위한 선물로 꽃다발을 주문했다는 것을 전혀 이해해 주지 않았다. 다만 매뉴얼대로 응대했을 뿐이다. 바꿔 말하면, 나는 메뉴얼과 얘기를 하고 있었던 셈이 된다. 그리고 자동 응답 장치와도 전후 세 차례나 이야기를 나누었다. 이것으로 장사를 할 수 있겠는가? 할 수 없다. 아직까지도 정기적으로 메일을 보내 오고 있다. 이것이 ⟨플라워즈⟩의 'e메일 마케팅'의 정체인 것이다.

미국의 ⟨아마존 : www.amazon.com⟩에서 메일이 왔다. 고객의 구매 이력 데이터베이스를 바탕으로 신간 서적을 소개해 준다는 '권유' 메일이었다. 이전에 산 적이 있는 저자의 신간이 나왔다는 소식이었다. 그런데 유감스럽게도 나는 그 저자의 책을 읽고 실망을 하고 돈과 시간 낭비라고 생각하고 있었다. ⟨아마존⟩은 '권유'를 하기 전에 "읽으신 책은 어떠했습니까? 만족을 느끼셨습니까?" 하고 물었어야만 했다. '책'이라는 '종이뭉치'를 사는 것이라면, 같은 글자(저자 이름의 알파벳)가 인쇄되어 있으면 '권유' 하는 의미도 있겠지만, 두말할 것도 없이 우리들은 책의 컨텐츠를 사고 있다.

기술이 진보했다고는 하지만, 현재 〈아마존〉에게 그것까지 바라는 것은 무리일 것이다. 그렇게 생각한 나는 '반신' 버튼을 누르고, "그 저자의 책에 나는 만족할 수가 없었다. 그러니까 모처럼 안내해 주었지만 필요가 없다. 그것보다도 톰 피터스의 신작에 대해서 뭔가 정보는 없는가?" 하고 물었다. 〈아마존〉의 메일은 남성의 개인 이름으로 와 있어 그가 대답해줄 것 같았다.

몇분 후, '고객 서비스 부문' 에서 '당신의 질문' 이라는 메일의 답장이 왔다.

@ 메일을 보내주셔서 감사합니다. 우리들은 언제나 고객의 소리를 기꺼이 듣고 있습니다.

뭔가 도움이 필요한 경우에는 아래의 링크를 클릭해 주십시오.

고객 커뮤니케이션 관계는,

www.amazon.com/communications/

최근에 산 것의 주문 내용을 보고 싶을 때에는

www.amazon.com/your-account/

구매한 물건을 취소할 때에는 …….

이것은 솔직히 말해서, 바보 취급을 하고 있는 것이 아닌가? 이쪽의 내용을 전혀 읽지 않고 자동 응답을 하고 있었다. 그 질문에 대답을 원한다면, 자신이 듣고 싶은 내용을 분류해서 적절한 장소의 URL을 클릭하는 시간을 아끼지 말라고 말하고 있는 셈이었다.

e메일은 대단히 개인적인 얼굴을 한 고객과 접촉을 한다. 그렇기 때문에 상대를 피가 흐르고 있는 사람이라고만 생각하고 이야기를 하고 있다가는, 사실은 앤드류 NDR 114 [26)]와 같은 정교한 로봇이였다는 이야기가 되기 쉽다. 〈플라워즈〉나 〈아마존〉과 같이 자동 응답 장치를 사용하는 것이라면, "최초의 대답을 자동 응답 장치가 합니다. 괜찮겠습니까?" 하고 한마디 말해 주어야 될 것이다. 그렇지 않으면, 특히 〈아마존〉처럼 개인 이름으로 메일을 보내면, 메일의 발신자를 인간이라고 해석하게 된다. 그렇게 하지 말라는 것은 무리이지만, 애당초 그런 태도는 오만이다.

☝ 조직의 행동을 지배하는 것은?

조직의 행동을 지배하는 것을 조직률이라고 부르기로 하자. 조직률에는 플러스 '기(氣)'를 내는 것과 마이너스 '기'를 내는 것이 있다. '기' 라는 것은 공기 같은 것이다. 우리들은 평소에 '기' 라는 것을 의식하지 않고 사용하고 있다. '원기', '음기', '기분', '기척', '패기', '용기' 같은 것이다. 그리고 개인이 토해내는 '기' 도 있으며, 조직이 토해내는 '기' 도 있다. 결국 그 상품(제품, 서비스)을 고객이 평가하는 대상은 상품이 고객을 향해서 뿜어내고 있는 '기' 인 것이다.

👆 '의심하라'

내가 뉴욕에 와서 처음에 살았던 아파트의 집주인은 어쨌든 세든 사람을 사랑하지 않는 사람으로, 의심만 하고 있었다. 집주인의 그런 태도는 이상하게도 거기에서 일하는 모든 직원들에게 전염되었다. 이곳의 조직률은 '세든 사람을 의심하라.' 였다. 그러한 조직률이 현저하게 나타나 있는 사람은, 현관에 있는 도어맨이었다. 특별히 '세든 사람에게 못살게 굴라.' 는 사내 문서가 나돌고 있는 것도 아닐 테고(당연한 일이지만), 도어맨의 타고난 성질도 아닐 테고, 면접시험에서 성질이 못된 인간만 고용한 것도 아니겠지만 이 아파트의 독자적인 조직률 덕분에 세든 사람들은 거의 모두가 그의 희생양이 되고 있었다. 그래서 장소는 '첼시' 라고 하는 대단히 좋은 곳이었지만, 하루라도 빨리 나가고 싶어서 견딜 수가 없었다.

어느 날의 일이었다. 일본에서 나에게 온 택배 우편물을 도어맨이 그대로 그 택배 직원을 통해 갖고 돌아가게 만들고 말았다. 통상 화물이 오면 도어맨이 접수하고, 각 방에 내선 전화로 알려 준다. 나는 그때 방에서 일을 하고 있었다. 내선 전화가 울려서 받아보니, 전화가 낡아서 성능이 떨어진 탓도 있고 해서 소리가 잘 들리지를 않았다. 무엇인가 잘못된 모양이라고(흔히 있는 일이었다. 도어맨이 번호를 잘못 누른다든가) 생각하고, 나는 그대로 일을 계속했다.

며칠 뒤, 일본의 친구한테서 화물을 보냈는데 아직 도착하지 않았느냐고 메일이 왔다. "모른다.", "그것 참 이상하다." 하는 내용이 오고간 뒤 혹시 그때의 전화가 아닐까 하고 도어맨에게 확인했더니, "전화를 했지만 아무도 받지 않아서 되돌려보냈다."는 것이었다.

왜 멋대로 되돌려보냈는가? 왜 알려주지 않았는가? 상식적으로 생각해도 모두 알 수 있는 내용이다. 그러나 그 아파트를 지배하는 조직률에 비추어 보면, 그 상식이 상식이 아닌게 되는 것이다. 그리고 그러한 독특한 조직률을 만들고 있는 것은 바로 집주인의 사고방식인 것이다. 리더가 만들어내는 조직률.

내가 이사를 하던 날 친구에게 주기 위해 우리 집에 있던 침대를 아파트 현관 근처에 임시로 내놓았다. 거기에 놓는 것은 '허가'를 받았으나, 도어맨이 다가와서는, "이 침대는 이 아파트에 비치되어 있던 것이 아니오? 혹시 그것을 가지고 나가려는 것 아니냐구요?" 하고 물었다.

내 가슴에는 분노라기보다 슬픔이 솟구쳐 올라왔다. '인간으로서' 이러한 발상밖에 할 수 없는 도어맨이 되어 버린 것은 여기의 조직률에 완전히 찌들어 버렸기 때문일 것이다.

☝ 지금 당장 읽고 싶다

『전자 상점 번성기』라는 책이 읽고 싶어졌다. 그것도 갑자기. 그러나 이곳 맨해튼 42번가에는 명성 높은 〈북원 : www.bkl.co.jp〉도, 〈아마존 재팬 : www.amazon.co.jp〉도 즉시 배달하지 못한다. 그래서 할 수 없이 일본어 서적을 팔고 있는 모 서점에 전화를 걸었다. 그 곳은 우리 집에서 직선으로 42번가를 동쪽으로 간 곳에 있어서 가까웠다. 전화를 받은 여성은 잠시 기다려 달라고 하더니 얼마 뒤 돌아와서, "그 책은 인터넷 비즈니스에 관계된 것입니까?" 하고 물었다. 그렇다고 하니, "그렇다면 우리 서점에는 없습니다." 하고 대답했다.

무슨 소리인가? 인터넷 비즈니스에 관계된 책이 아니라면 『전자 상점 번성기』는 있단 말인가? 이해가 잘되지 않았다. 다시 묻고 싶은 생각이 사라졌다. 귀찮아하는 것 같고 냉랭하고

'닫혀진' 전화 응대에 나는 전화를 끊어 버렸다.

계속해서 〈기이노구니야〉 서점에 전화를 걸었다. 49번가 록 펠러 플라자에 있어서 약간 멀었지만, 그래도 나는 즉시 그 책이 필요했다. 상대방은 영어로 물어왔다. 그래도 내가 상관하지 않고 일본어로 말하니 "일본어 책을 찾으십니까?" 하고 영어로 묻길래, 그렇다고 대답했다. "기다려 주십시오." 기다렸으나 좀처럼 상대방으로부터 응답이 없었다. 가까스로 응답을 해온 남자가 일본어로 "죄송합니다. 미리 주문을 하셨습니까?"라고 물었다. 착오가 생긴 것이다. 그는 정중하게 사과하고, 알아본 뒤 다시 전화로 알려주겠다고 했다.

'다시 전화를 걸어 알려주겠다.' 는 말에 나는 감동하고 말았다. 독자들에게는 '감동' 이라는 표현이 과장되게 들릴지도 모른다. 그러나 뉴욕에서 서점도 그렇고 레스토랑도 그렇고 일본계 상점은 대개 '일본인다운 자상한 배려' 가 결여되어 있었다. 그래서 감동했다고 해도 과장이 아닌 것이다.

얼마 뒤에 걸려 온 전화는 『전자 상점 번성기』는 없지만, EC 관련 책이라면 여러 가지가 있다는 것이었다. 그것 참 기특하지 않은가! 그래서 나는 어떤 책들이 있느냐고 물어 보았다. 그는 몇 가지 책명을 말했다. 모두 읽은 적이 있는 것이어서 고맙다고 말하고 전화를 끊었다. 이러한 '주변의 권유' 를 하는 것을 일괄판매(cross-selling)라고 하는데, 그러나 이것은 '피가 통한다.' 고 표현하고 싶은 업무 태도였다.

웃는 얼굴로 경영하는 조직이 되기 위한 법칙

자아, 이제까지 살펴본 사례를 되돌아보기로 하자.

같은 호놀룰루에서 호텔 사업을 하고 있는데도 〈아스톤〉은 손님 쪽이 틀렸다고 말하고, 〈아웃리거〉 쪽은 언제나 웃는 얼굴로 손님을 맞이한다.

EC의 '고참 점포'인 〈플라워즈〉와 〈아마존〉은 양쪽 모두 e메일이 고객 커뮤니케이션의 중요한 전략 도구라는 것은 잘 알고 있을 것이다. 그런데도 이와 같이 허술한 실수를 범하는 것은 어째서일까?

첼시의 집주인이 아무리 괴팍한 성격을 갖고 있다 하더라도, 이 정도로까지 마이너스 '기'를 내보내는 조직률이 모든 직원에게 스며들어 있는 것은 어째서일까? 직원도 일을 하면서 즐겁지가 않을 것이다. 집으로 돌아갈 때, 오늘은 많은 일을 했다는 충실감을 얻으리라고는 도저히 생각할 수가 없다.

같은 뉴욕의 일본계 서점인데도 〈기이노구니야〉 서점과 또 다른 서점에서 이처럼 대응이 다른 것은 어째서일까? 내가 건 전화에 응대한 두 직원은 당연한 일이지만, 다른 성격을 갖고 있고 다른 인생 경험을 겪었을 것이다. 그러나 아무래도 이 두 사람의 속인적인 차이가 대응의 차이로 나타났다고는 생각되지 않는다. 두 서점 모두 일본에 본점이 있지만, 일본에서 같은 내용을 전화로 문의하면, 반대되는 대응을 해올지도 모른다. 어디까지나 그들이 속해 있는 일상의 조직률이 원인으로 되어 있을 것이다.

그렇다면 애당초 조직률을 결정하는 요인은 무엇일까? 세상에는 리더십이나 조직에 관한 책들이 넘치고 있다. 개중에는 수수께끼나 불교의 경전처럼 난해한 것도 많다. '해야 한다론' 만 무성하고, 가장 중요한 누가 실행하는지 주어가 없거나 한다. 그러나 조직이란 인간에 관한 것이다. 미캐니컬하고 무색투명한 기술론이 아니라 끈적끈적한 인간에게 초점을 맞춘 고찰이 있어야 되지 않겠는가? 그래서 '웃는 얼굴로 경영하는 조직이 되기 위한 법칙' 을 써 보았다. 물론 이것이 최종 해답이라고는 생각하지 않는다. 그러나 나의 처방전 전체에 공통된 것처럼 '주어와 서술어가 있는 법칙' 을 만들 작정이다. 부디 내일부터 시도해보기 바란다.

법칙1 숫자가 아니라 꿈을 좇아라

'꿈' 이라는 것은 '5년 안에 점포 수를 현재의 10배로 하겠다', '매상 증가 계획', '지역 내 점유율 1위를 목표로 한다',

'고객 수를 30% 늘리겠다' 와 같은 것이 아니다. 당신은 이러한 '목표' 를 듣고서 분발을 하겠는가? 불타 오르겠는가? 가슴이 설레이겠는가? 결코 그렇지 않을 것이다. 꿈이라는 것은 그것을 들었을 때, 자기 자신과 동일화해서 자나깨나 실현하고 싶어서 자는 것이 아까울 정도로 즐거운 것이어야 한다. '야호!' 하고 소리를 지르게 만드는 것, '어림도 없어. 하지만 즐거울 것 같아.' 하고 자기도 모르게 몸을 앞으로 내밀게 만드는 그런 꿈이 조직을 강하게 만든다. 좀더 알기 쉽게 말하겠다. 요컨대, 중요한 것은 '재미있느냐, 재미없느냐' 이다.

리차드 브랜슨은 〈버진 항공〉의 아이디어를 '재미있어' 채용하려고 했다. 회사의 직원들을 설득했다. '현재의 〈버진〉이라면, 이 정도의 것을 할 여유는 있을 것이다. 손실의 리스크라고 해도 금년 이익금의 3분의 1도 안 되지 않는가? 컬처 클럽에서 돈이 잔뜩 들어와 있다. 게다가 재미있단 말이다.' 그리고 바로 이 '재미있다' 는 말은 브랜슨의 비즈니스 철학의 요소 중하나였다(리처드 브랜슨 : 『버진』에서 인용).

지금 당장 사내의 벽에 커다란 얼굴을 하고 있는 '매상 10억달러 목표를 달성하자!' 는 벽보를 찢어 없애 버리자. 그리고 모두 함께 꿈을 이야기하자. 함께 이야기할 꿈이 없다면, 미안하지만 당신의 아이디어는 비즈니스가 되기에는 아직 이른 것 같다.

그러면 꿈을 좇고 있는 조직에서는 사람들이 어떤 식으로 일을 할까?

⟳ 열중한다

‘장사’ (아키나이)라는 말은 ‘물리지 않는다’ (아키나이)라는 말
에서 나온 것이다. 자신이 담당하고 있는 상품, 자신의 업무, 자
신의 장사가 정말로 너무나 좋아서 24시간 계속해서 생각을 할
수가 있다. 내 주위에 있는 창업자는 예외 없이 그런 ‘열중가’
들이다. 꿈이 형편없이 바보스럽고(이것은 칭찬하는 말이지만),
어떻게 해볼 도리 없이 큰 꿈일수록 ‘열중도’ 는 높아진다.

⟳ 불타 오른다

뜨거워지는 것은 결코 부끄러운 일도 아니고 ‘어린애 같은’
일도 아니다. 불타 오르자. 뜨거워지는 것은 경쟁사와의 싸움
에서가 아니라 고객에게 자신의 메시지를 전할 때, 상품이나 서
비스를 연마할 때에만 불타 올라야 한다. 그리고 불타 오르게
하는 휘발유가 되는 것이 바로 ‘꿈’ 이다.

⟳ 가슴이 설레인다

소풍, 골프, 몇 개월 전부터 기다리고 있던 여행, 자기도 모르
게 한밤중에 몇 번씩이나 잠이 깨었던 경험이 있을 것이다. 그
러나 일요일 밤은 최악이었다. 초등학교에 다닐 때, 일요일 밤
7시 조금 전에 긴자의 〈후지카〉의 네온사인을 배경으로 한 영
상이 비친다. 낯익은 곡이 들리고, 그 다음에는 다른 프로가 방
영되었다. 그 〈후지카〉의 네온을 보면 ‘아아, 내일은 학교에 가

야 되는구나. 아아, 지겨워!' 하고 생각하곤 했다.

샐러리맨 시절에도 일요일 밤은 정말로 딱 질색이었다. 카펜터즈의 「비오는 날과 월요일은」이라는 타이틀 곡이 있는데, 거기서는 마음이 '우울한 날'이라는 것이다. 아카가와 지로는 옛날에 『상사가 없는 월요일』이라는 소설을 썼다. '그렇지 않아도 힘이 드는 월요일인데, 하다 못해 상사가 없는 것만이라도 행운'이라는 샐러리맨 여러분의 기분을 대변해주고 있다.

그러나 '싫은 기분'을 가슴설레임으로 바꿀 수는 없을까? 가슴이 설레인다. 월요일에 회사에 가고 싶다. 일요일 밤이 무척이나 즐겁다. 꿈의 매력이 일요일 밤을 즐거운 것으로 만들어준다.

덧붙여 말하면, 현재의 나는 '요일과 무관한 생활'을 하고 있다. 회사라고 해도 버추얼한 네트의 세계에서 프로젝트를 진행시키는 방식이라서 요일과는 무관하고 사무실에 출근하는 것도 아니다. 〈팜트리〉사의 직원들도 '출근'과는 관계 없는 업무 방식으로 일하고 있다.

⇨ 크게 웃는다

당신에게 질문을 하고 싶다. 이전에 크게 웃어 본 것은 언제였는가? 빙긋이 웃는 것이 아니다. 킥킥거리는 웃음도 아니다. 소리 높여서 배를 잡고 웃었던 적은 언제였는가? 오늘 아침? 바로 얼마 전? 지난 주? 아니면…… 기억이 없는가? '기억이 없는', '생각이 나지 않는' 사람은 이 책을 내던지고 즉시 웃는 노력을 하는 것이 좋을 것이다. 웃는 데도 노력이 필요하냐고? 그렇다. 당신의 건강을 위해서도 큰 웃음은 필요하다. 뇌내 물질 세로토닌이 많이 분비되어서 행복감을 얻을 수가 있다. 뇌화학의 이론적 뒷받침도 있다. 그리고 크게 웃는 것은 조직에도 '효과'가 있다.

나는 19년간 영업을 하면서 수많은 회사를 방문했다. 그리고 컨설턴트라는 직업도 회사를 방문하는 직종이다. 그 경험에서 나는 말한다.

"업적이 좋은 조직이란 크게 웃을 수 있는 조직이다."

인간은 환경에 좌우된다. 크게 웃는 환경에 몸을 두고 있으면 활기를 띠게 되는 법이다.

🔵 용서한다

인간은 실패한다. 특히 '엉뚱한 꿈'을 꾸고 있을 때에는 지도도 없고 길도 없다. 그러니 실패는 따라다니게 마련이다. 조직 내의 규칙으로 '실패는 웃으면서 용서하는 것'으로 해두자. 중요한 것은 '용서'할 때는 무조건 용서해야 한다는 것. '용서한다. 다만……' 하고 조건을 붙여서는 안 된다.

놀아야 한다

직장에 놀이의 분위기가 있는가? 물총은 있는가?(예를 든 것이
아니다. 진짜 물총에 대해서 나는 말하고 있다)

어떤 급성장하고 있는 기업의 사무실은 혼잡스럽다. 담배 연
기도 자욱하다. 책상 위는 엉망진창이다. 그러나 분위기에 놀
이 정신이 있다. 난잡한 책상 위에는 스케이트보드와 미니어처
장난감, 휴대전화의 전파를 수신하면 혼자 춤을 추기 시작하는
인형 등이 굴러 다니고 있다. 남자 친구와 함께 갔던 스키장에
서 찍은 사진이 유리판 밑에 깔려 있다. 벽의 포스터는 사내의
영업 캠페인용이지만, 지사장이 악역 레슬러인데 젊은이한테
당하고 있는 합성 사진이다.

이 조직의 강점은 놀이 정신이 흘러 넘치는 혼란스러움을 정
리해 버린다면 아마도 업적은 떨어질 것이다.

푹 빠져든다

그런 태도로는 안 된다. 성공하는 것은 아무리 반대가 있더라도, 무
슨 일이 있어도 해내고야 말겠다는 사람뿐이다.(세익스피어가 극단 작
가를 맡고 있던 극단 〈그로브좌〉의 배우 줄리아의 대사)

– 게어리 블랙우드 : 『세익스피어를 훔쳐라!』에서

도파민이라는 뇌내 물질은 언어적, 수학이론적 지성 등의 사고 활동에 영향을 미친다. 놀고 있을 때에도 분비된다. 어렸을 때가 어른이 된 후보다 노는 것이 즐거웠던 기억이 날 것이라고 생각되는데, 그것은 도파민의 분비가 많기 때문이다. 집중해서 사고하는 것에 의해서 인간의 자아 활동을 하는 뇌내의 전두연합야에서 많은 도파민이 분비된다. 진지하게 일에 빠져들면 기분이 좋아지고, 기분이 좋아져 더욱더 도파민이 분비된다고 하는 플러스의 사이클이 생겨나는 것이다. 지성도 발달하기 쉬워진다. '푹 빠져드는 것'은 중요한 것이다. 조직 전체가 빠져드는 것은 조직 지식의 발달에 도움이 된다. 좋아하는 일은 집중할 수가 있고 숙달도 빠르다.

또한 '푹 빠져들기' 위해서는 사업 도메인이 이해하기 쉬워야 한다. 초점을 명료하게 맞춰서 '단 하나의 일'에 집중해 있을 필요가 있다. '이것도 저것도'가 아니라 '이것으로 승부한다'는 자세가 강점이 된다. '닭과 달걀'은 아니지만 '빠져들기' 위해서 '집중'할 필요가 있고, '집중'하고 있으면 '빠져드는 것'도 자연스런 흐름이 될 것이다. 그렇다.

〈오라클〉은 데이터베이스 소프트웨어, 〈시스코〉는 인터넷 루터, 〈CNN〉은 글로벌 뉴스, 〈델〉이나 〈게이트웨이〉는 기본적으로는 생활인 대상의 PC, 〈선마이크로〉는 유닉스 서버 회사인 것이다.

— 오마에 겐이치 : 『The Invisible Continent』

강한 기업은 모두 하나에 집중하고 있다. 거꾸로 희미해지기 시작하는 것은 '도' 라고 하는 조사가 붙기 시작할 때다. 예를 들어 책 외에 장난감 '도', CD '도', 비디오 '도', 일본 과자 외에 케이크 '도', 셔츠 외에 코트 '도', 미용실 외에 네일 캐어 '도', 호텔 외에 여행 대리점 '도', 속옷 외에 양말 '도'. 그러면 결과는 어떻게 될까?

▶ 쉬지 않는다

도대체 언제부터 일을 쉬는 것이 장려되기 시작했을까? 그렇게 쉬는 것이 중요한 것일까? 나는 아니라고 생각한다.

꿈이 엄청나게 뜨겁고 가슴 설레이며 불타 오르는 것이라면 쉬고 싶다든가 "재수 없게 잔업을 하게 되었다." 등의 말은 나오지 않는다. 반대로 꿈이 그냥 뜨거운 조직에서는 "잔업 제도 같은 것은 방해가 된다."는 소리가 사원들 사이에서 터져 나온다.

또 일을 하고 있다 보면, 아무리 해봐도 잘되지 않는 경우도 있다. 슬럼프다. 현재의 '쉬는 것을 장려하는 풍조' 라면 '천천히 쉬면 뛰어난 능력이 배양된다' 는 얘기가 되겠지만, 나는 쉬면 해결이 뒤로 미루어질 뿐이라고 생각한다. 도망치고 있는 것과 똑같지 않은가?

🔸 젊은층에 생기가 넘친다

젊은층이 '허드렛일'을 하고 있는 조직에서는 업적이 좋은 곳이 없다. '허드렛일'이라고 불리는 '작업(도저히 작업이라고는 부를 수가 없다)'에는 끝이 없다. 얼마든지 생각해낼 수 있는 것이 허드렛일의 특성이다. 물론 나이가 많고 적음에 의해서 일의 질이 결정되는 비즈니스 환경은 아니다. 이것은 우다다 히카루가 대히트 앨범「First Love」를 만들었을 때 그의 나이가 14세였다는 말을 들으면 납득할 수 있을 것이다.

젊은층에 생기가 넘치고 있는 조직. 일에 따라서 '어떻게 하면 생기가 넘치게 되느냐?'는 것은 달라질 것이다. 이것이 경영자가 고민해야 할 가장 중요한 일이 될 것이다.

🔸 상쾌한 피로

진지하게 일에 매달린 피로, 사내 정치에 부심한 피로, 하루 일과가 끝났을 때 피로의 정도는 똑같을까? 아니다. 일에 전념한 피로는 '상쾌한' 피로일 것이다. 트레이닝을 하면서 땀을 흘리고 난 뒤처럼 오히려 몸이 가벼워졌을지도 모른다. '상쾌하게' 지치도록 노력하자.

🔸 터부가 없다

샐러리맨 시절, 회사에서 단체연수를 떠날 때 호텔 방을 할당하는 것이 언제나 담당자의 두통거리다. 호텔은 트윈 룸이어서,

'실력자'와 누구를 같은 방에 배정하느냐가 어려운 문제인 것이다. 잘못 배정을 했다가는 '실력자'와 같은 방을 쓰게 된 여성 또는 양쪽으로부터 원망을 사게 된다. 담당자가 남성이라면 또 모를까, 여성인 경우는 "어림도 없다. 나는 방 배정만은 하고 싶지 않다."고 울음을 터뜨리는 형편이다.

지금 와서는 그리운 터부지만, 이것을 사소한 일이라고 당신은 웃어 넘길 수 있겠는가? 이것과 비슷한 터부는 인간이 모이는 곳이면 반드시 있는 법이다. 터부를 없애자.

목소리가 크다

이것도 많은 조직을 관찰해 온 나의 경험을 바탕으로 말한다.

목소리의 크기와 업적은 비례한다.

속삭이는 목소리로 말을 주고받는 조직은 대개 업적이 사양길에 놓여 있다. 평소 때의 전화 목소리, 보고하는 목소리, 상담하는 목소리, 논의하는 목소리 등 모든 것이 '순조로운' 조직은 깜짝 놀랄 만큼 목소리가 크다. 싸움을 하고 있는 것이 아닌가 생각될 정도다. 목소리가 커지게 만들기 위해서는 인간 관계, 터부의 유무 등 지금까지 생각해 온 법칙들을 모두 제거해 나가야 한다.

인사를 한다

인사. 손님으로 방문하면, 나는 30초 안에 그 조직의 업적을 알 수가 있다. 웃는 소리, 목소리의 크기 등 지금까지 여기서 거론해온 지표가 근거로 된다. 그리고 가장 중요한 체크 항목은 '인사' 이다. 사람이 카운터 너머에 와 있는데 알아차리지 못할 리가 없다. 아무리 일에 몰두해 있어도 한 줄기의 바람이 불면, "아아, 바람이 불고 있구나." 하고 알 수 있을 것이다. 그것과 마찬가지로, 사람이 와 있는 데도 알아차리지 못하는 경우는 100%가 있을 수가 없다. 모르는 체 하고 있는 것뿐이다.

인사의 중요성은 이런 곳에서도 느낄 수가 있다.

나는 스포츠 센터에서 수영하는 것을 일과로 삼고 있다. 일에 찌든 나날의 조촐한 즐거움이다. 풀 가장자리에는 구조원 한 사람이 상주하고 있다. 사람들이 드물 때를 노려서, 나는 대개 오후 4시 30분경에 가기 때문에 풀은 텅 비어 있다. 나는 그날의 기분에 따라서 구조원에게 인사를 하거나 하지 않거나 했다. 어느 날, 큰 목소리로 내 쪽에서 인사를 해보았다. 그랬더니 어떻게 되었는지 아는가? 헤엄칠 때 기분이 좋아졌던 것이다. 물리적으로는 풀 안에 차 있는 물의 양은 어제와 마찬가지일 것이다. 실내 온도도 실내 수영장이니 변함이 없다. 다른 것은 나와 구조원 사이의 '공기' 였다. 그렇다. 인사에 의해서 공기가 '깨진' 것이다. 그리고 '깨진 것' 에 의해서 풀 속에 있어도 기분이 좋아졌던 것이다.

인사. 그 회사의 주가와 인사하는 목소리의 크기는 비례하는 것이 아닐까?

법칙2 잊기 위해서 파괴하라

조직의 영광은 기억해둘 필요가 없다. 여기서 내가 말하는 '잊는다' 는 영어에서 말하는 'forget' 이 아니라 'unlearn' 이다. 이것에는 'forget' 이 갖는 '깜박 잊어 버렸다' 는 의미가 아니라 '배워서 얻은 지식을 버린다' 는 능동적인 의미가 있다.

이것에는 두 가지 이유가 있다.

🔜 히트 상품이 있는 조직은 불행하다

인간은 과거의 영광에 매달리고 싶어한다. 만일 지금 히트 상품이 있고, 창고에서 쉴새 없이 물건이 출고되어 트럭이 각지로 달려 가고, 주문 전화나 팩스 · e메일 등으로 눈코 뜰새 없이 바쁘다고 한다면 이 상태가 영원히 계속될 것 같은 심경이 된다. 인지상정이다. 하물며 영원히 계속되지는 않는다 하더라도, 눈 앞의 주문을 처리하는 데 플로의 지식을 총동원해서 조직 전체가 매달리는 것이 자연스러울 것이다. 상품 재고를 확보하라, 트럭을 확보하라……. 그러나 나는 여기서 굳이 재를 뿌리고 싶다. '히트 상품이 있는 조직은 불행하다.' 고.

히트는 사람을 근시안으로 만든다. 그렇기 때문에 「처방전 2 : 롱 셀러에서 배우자」에서도 지적한 것처럼 '유행해서는 안 되는

【 1991년 】

남자 문과 계열	남자 이과 계열	여 자
1. 전일본항공(ANA)	1. 소니	1. 일본항공(JAL)
2. 도쿄해상화재보험	2. 니혼 전기(NEC)	2. 전일본항공(ANA)
3. 미츠이물산	3. 마츠시다 전기	3. 도쿄해상화재보험
4. 일본항공(JAL)	4. NTT 도코모	4. NTT 도코모
5. 이토츠상사	5. 도요타자동차	5. JTB
6. 미츠비시상사	6. JR 도카이	6. 산토리
7. JR 도카이	7. 후지츠	7. 닛폰 IBM
8. JR 도오닛폰	8. 닛폰 IBM	8. 베네세 코퍼레이션
9. 소니	9. JR 도오닛폰	9. JR 도오닛폰
10. NTT 도코모	10. 혼다 기엔 공업	10. 소니

【 2000년 】

남자 문과 계열	남자 이과 계열	여 자
1. 소니	1. 소니	1. 소니
2. NTT 도코모	2. 도요타 자동차	2. JTB
3. 도요타자동차	3. NTT 도코모	3. 일본항공(JAL)
4. 덴츠	4. 혼다 기엔 공업	4. NTT 도코모
5. 후지 텔레비전	5. 니혼 전기(NEC)	5. 전일본항공(ANA)
6. 혼다 기엔 공업	6. 후지츠	6. 시세이도
7. 니혼 전기(NEC)	7. 마츠시다 전기	7. 베네세 코퍼레이션
8. 마츠시다 전기	8. NEC 소프트	8. 후지 텔레비전
9. JTB	9. 켄우드	9. 덴츠
10. 후지츠	10. 히타치 제작소	10. 도요타 자동차

〈브레인 닷컴 : www.jp-brain.com/student/chome/ranking-
c/ranking10.tm〉의 조사에 의함

것'이다.

마케팅의 대가인 T.레비트의 유명한 논문『마케팅 근시안, *Marketing Myopia*』속에 이런 에피소드가 있다.

대부호인 보스턴의 명사가 20세기 초두에 다음과 같은 유언을 남겼다. "전재산을 영구히 시의 전기 사업의 주식에 투자하라." 그 때문에 상속인은 가난뱅이가 되어, 주유소에서 일하여 겨우 연명해 간다는 웃지 못할 이야기다.

그런데 이 보스턴의 부호를 우리들은 남의 일이라고 웃고만 있을 수가 없다. 거품 경제일 때, NTT에서 광란을 부린 것은 누군가? 또 '대학생이 뽑은 인기 기업 순위'의 변천을 보더라도, 그들이 얼마나 근시안이었는가를 잘 알 수 있다. 요컨대, 그때그때 유행하고 있는 히트 상품이나 화제를 만들고 있는 기업에 인기가 집중되어 있을 뿐이다.

🔷 고객의 OK라인은 항상 계속 올라가고 있다

해리 베크위스는 고객 만족 같은 것은 무의미하다고 갈파(喝破)했다.

고객 만족은 거의 의미가 없다. 설사 있다고 하더라도, 지수가 올라갔는지 내려갔는지 그 경향을 보는 정도다. 당신 자신이 주의 깊게 고객의 목소리에 귀를 기울인다면, 무엇인가 얻는 바가 있을지도 모르지만.

고객은 '익숙해진다.' 아무리 멋진 영화라도 두 번째는 첫 번째보다 감동이 덜 하다.

도쿄의 사무실용으로 〈샤프〉의 액정 텔레비전 'AQUOS'를 샀다. 사무실에서 자질구레한 정보 수집용으로 사용할 뿐이어서 커다란 화면은 필요가 없어서 13인치형을 골랐다. 화면 안쪽의 넓이가 5.7인치의 초소형이라는 것과 필름의 아름다움에 반했다. 투과형 TN 액정 패널의 화질도 훌륭했다. 스피커(5cm ×2개)의 음질도 생동감이 넘쳤다.

그러나 그렇게 생각되는 것은 처음 4일 동안 정도였다. 그러는 사이에 '당연한 것'이 되었다. 또한 '화면의 크기가 좀더 큰 것을 샀으면 좋았을 것을……' 하고 약간 후회까지 하고 있는 나 자신을 깨달았던 것이다.

당신의 고객도 이와 마찬가지다. 그 때문에 '이것으로 충분하다'는 마음을 버려야 한다. '좀더 좀더'를 항상 명심하도록 해야 한다.

이상의 두 가지 이유에서 조직은 '잊어 버려야 한다'.

그러기 위해서는 어떻게 해야 하는가? 파괴하는 것이다. 일
년에 한 번 문자 그대로 상품이나 조직을 파괴할 필요가 있다.
파괴하는 데는 용기가 필요하다. 아픔도 따른다. 그러나 내일
도, 모레도 살아 남기 위해서는 의도적으로 파괴하지 않으면 서
바이벌할 수 없다.

지금으로부터 121년 전인 1880년에 아직 33세인 젊은 청년 실
업가가 맨해튼의 하늘을 올려다보고 한숨을 지었다. 도로 양쪽
에 전봇대가 늘어서 있고, 전선이 하늘을 보기 흉하게 더럽히고
있었다.

'이대로는 얼마 안 있어 내 사업은 망할 거야.'

그의 이름은 알렉산더 그레이엄 벨이었다. 4년 전에 전화 특
허권을 받아놓고 있었지만, 이대로 거리를 보기 흉하게 만드는
전화선을 방치해 둬서는 안 되고, 사람들은 전화회사를 비판하
게 될 것이라고 생각했다. 이 위기감이 전선을 묶는 '간선 케이
블'의 발명으로 이어졌고, 또한 와이어리스 텔레폰 개발을 지향
했다(이것이 현재의 광파이버의 원형이다). 그렇다. 벨의 위대함은
히트 상품을 스스로 부정하는 눈을 갖고 있었다는 데 있다.

　샐러리맨에게 흔히 있는 일은 '경비는 어디서인가 솟아 나온다' 는 오해이다. 그렇게까지는 생각하고 있지 않더라도, 적어도 '경비는 금고 안에 들어 있다' 는 정도는 생각하고 있다. 그런데 이것은 커다란 잘못이다. 눈 앞에 돈이 있다면 그것은 어떤 투자를 한 결과 돌아온 리턴(이익)이며, 더구나 다음의 리턴을 위한 투자로 써야 할 돈인 것이다. 즉 회전 초밥처럼 눈 앞에서 빙글빙글 돌고 있는 것이 회사에 있는 돈의 본질인 것이다. 지금 눈 앞에 있는 것은 '우연히 돌고 있는 돈이 정지해 있는 것처럼 보일' 뿐이지, 정지해 있는 것은 아니다. 아가미가 없기 때문에 항상 헤엄치면서 산소를 들이마시지 않으면 안 되는 상어와 마찬가지로, '멈추면 죽는 것' 이다. 만약 멈추면 썩는다. 돈은 항상 투자와 리턴으로 생각하자. 그러면 회계도 정적인 것이 아니라 동적인 발상이 될 것이다.

나는 장인으로서의 내 기능에 긍지를 가지고 있다. 조직이 어떻게 기능하고 또는 기능하지 않는가를 끊임 없이 연구하고 있다. 그래서 고도한 기능을 유지하는 것이 가능한 것이다. 그리고 매일 무엇인가 새로운 것을 배우려고 노력하고 있다(매일이라고? 농담이겠지? 아니다. 진심이다). 호텔에서 직접 체험한 서비스에서, 학술 논문에서, US 항공의 올바니에서 피츠버그까지의 승객 체험에서, 그러한 모든 것들로부터 나는 배우고, 장인으로서의 기능을 연마해 나가고 있다.

– 톰 피터스 : 『*The Professional Service firm 50*』에서

원문에서 톰 피터스의 스승은 'Craft' 라는 말을 쓰고 있다. 더구나 일부러 'c' 를 대문자 'C' 로 써서 강조를 하고 있다. 그 마음은 '예술의 영역과 같은' 이라는 뉘앙스를 담고 싶었기 때문일 것이다. 그래서 나는 일부러 '장인으로서의 내 기능' 이라고 설명조로 번역했다. 그렇다. 예술이다. 모든 일은 예술이 될 수 있다. 만두를 굽는 일이든, 스니커를 제조하는 일이든, 소프트웨어를 개발하는 일이든, 사람들 앞에서 강연을 하는 일이든 간에 모두 예술이 될 수 있다.

아트, 즉 예술을 지향하자. 그러기 위해서는 끊임 없는 전문 지식의 입력('명의 지식' 의 섭취)과 그것을 자신의 것으로 만드는('암과 묵의 지식' 에의 전환) 노력이 필요하다.

돌이켜보면, 나는 샐러리맨 시절에 일을 '처리' 하는 경우가 많았다. 특히 복업(複業)[27]을 시작하고 나서부터는 내 시간을 어떻게 확보하느냐 하는 것이 중요한 과제였기 때문에 자칫 잘 못하면 '새로운 가치를 만들어내는 일' 이 아니라 '눈 앞에 나타난 현안을 처리한다' 고 하는 플로의 지식만으로 끝나는 업무 방식을 사용해 왔다. 물론 결과를 내고 있다는 자부심은 있지만, 내가 신경을 쓰고 있는 것은 근본적인 자세의 문제다. '예술가' 는 아니었다. 부끄럽기 짝이 없다. 그 당시의 동료들이나 회사에는 정말로 송구스럽게 생각한다.

진지하게 일에 몰두한다면 하루 24시간, 주 7일, 1년 365일, 모든 삼라만상이 일에 대한 입력과 결과로 되어 있을 것이다. '복업' 이라는 것은 존재할 수 없는 일의 형태였던 것이다.

조직 내에 '공부하는' 분위기가 있는가? 공부하는 것도 구태여 책을 읽거나, 세미나와 비즈니스 스쿨에 다니거나 하는 것만 이 아니다. 사람이 있어서 조직인 것이다. 인간이 지닌 지식의 순환이 행해지고 있는가? 지식은 항상 계속 자극시키지 않으면 썩는 법이다.

숫자를 들어서 설명하면 사람의 이해도가 높아진다. 예를 들어 기획서에 숫자가 있으면 '자못 훌륭하다'는 인상을 줄 수가 있다.

……고 전해지고 있다. 그러나 그것이 사실일까?

제출된 기획서를 앞에 높고 상사가 부하에게 묻는다.

상사 : 그런데 숫자의 근거는 있나?

부하 : 네. 아마도 만두 판매 회사는 1억 5,000만 엔의 이익을 올릴 수 있을 것입니다.

그러나 그 숫자에 과연 어떤 의미가 있겠는가? 고객에게 1억 5,000만 엔의 이익이? 그래서? 고객의 QOL은 올라갔는가? 그것보다는 다음의 대화가 '보다 인간적'이라고 생각한다.

상사 : 그런데 숫자의 근거는 있나?

부하 : 아뇨, 없습니다. 전혀 새로운 일이라서 결과를 가늠할 수가 없기 때문입니다. 그러나 직감적으로 재미있다고 생각지 않으십니까? 그 결과, 전 세계의 사람들이 우리 회사의 만두를 좋아하게 될 것입니다. 저는 이 만두의 새로운 맛은 절대 환영

을 받을 것이라고 믿습니다. 맛이 있으니까요. 전 세계의 사람
들을 만두로 행복하게 만들어 줍시다 …….'

'직감적으로 재미있다', '절대 환영을 받는다', '만두로 행복
을'. 아무튼 듣고 있으면 이쪽도 행복해지지 않는가?
더구나 인간은 '아주 조그만 일로' 인식을 바꾼다. 숫자가 인
간의 인식을 바꾸는 것이 아니다.
어떤 도서관에서[28] 같은 사람이 대출계를 맡아서 이용자에게
정반대의 대응을 하는 실험을 했다. 이용자의 '받아들이는 태
도'가 어떻게 다른가?

CASE 1

사서가 굉장히 퉁명스럽게 대응을 했다. 책을 던져주고,
제대로 인사도 하지 않았다.

▶ 이용자의 감상 : "이 도서관은 천장이 낮고, 융단의 털이 길
어서 걷기 힘들고, 조명은 어두워서 책을 읽기가 힘들다. 최악
이다."

CASE 2

같은 인물이 상냥하게 대응했다. 질문에는 공손히 대답
하고, 책에 애정을 가지고 있다는 것을 역력히 알 수 있는

근무 태도였다. 그리고 중요한 점은 건네주고 건네받을 때, 웃는 얼굴로 상대방의 손을 살며시 건드렸다. 그 '접촉' 도 대단히 중요한 포인트다.

▶ 이용자의 감상 : "이 도서관은 천장이 이 정도로 낮으면 차분히 책을 읽는 데 큰 도움이 되겠군. 융단의 털 길이가 걷기에 편하다. 조명도 이 정도로 밝으면 독서에는 더 할 수 없이 좋다."

케이스 1과 2에서 도서관의 천장 높이, 융단의 털 길이, 조명의 밝기 어느 것이나 숫자로 나타내면 똑같은 수치가 될 것이다. 왜 결과가 다른가? 사서가 지닌 '분위기' 와 '조그마한 접촉' 때문이다.

법칙6 조직의 의지처를 만들라

생각해보면, 옛날의 일본 기업은 행복했는지도 모른다. '연공서열', '종신고용' 이라는 확실한 '법률' 이 존재하고 있었다. 그런데 이러한 '법률' 들은 모두 시대에 뒤떨어져서 경영에 방해가 된다는 풍조가 어느 틈엔가 자리를 잡게 되었다. 그러나 '조직이 반드시 의거해 서는 곳(의지처)' 은 필요하다. 곤경에 빠지거나 위기에 처했을 때 '의지처'를 만들어내자. '연공서열' 이든 무엇이든 좋다. 상관 없다. 사원들 모두가 합의할 수 있고, 여차하면 거기로 돌아가자고 납득하고 있는 것이라면 뭐든지 좋다.

법칙 7 조직의 외부와 교류하라

다른 문화와 접촉하자. 다른 문화와 접촉하는 효용은 조직을 부감(俯瞰)할 수 있는 시야를 손에 넣을 수 있는 데 있다. 조직 안에만 있으면 그 곳이 하늘이 되고 땅이 되어 버린다. 아무리 우수한 사람이라도 예외가 아니다.

〈뷰티플 라이프(최고 41.3%)〉, 〈롱 버케이션(최고 36.7%)〉 등 높은 시청률을 올린 각본가 기타가와 에리코 여사와 TBS · 후지의 프로듀서들의 대화(기타가와 에리코 외 지음 : 『우리들이 드라마를 만드는 이유』)를 읽어 보면, 이 우수한 사람들조차 너무나도 지나치게 일에 푹 빠져 있어서, 텔레비전이 그들의 하늘과 땅으로 되어 버린 것에 놀라게 된다. 그 프로는 굉장했다거나, 그 기획은 좋았다고 서로를 치켜 세우고 있지만, 시청자는 그들처럼 매일 아침부터 밤까지 텔레비전에 대해서 생각하고 있지 않으며, 비디오나 게임을 비춰주는 상자로밖에 인식하고 있지 않은 사람도 많을 것이다. 그 방면의 제1선에 있는 프로들조차 그렇지 않다. 그래서 근시안이 되어 버리고 있다. 부감하는 시야가 없는 것이다.

그것을 방지하기 위해서는 조직의 외부와 교류를 하는 데 힘을 써야 한다. 그렇다고 해서, 한때 유행했던(지금도 유행하고 있을지도 모르지만) 다른 업종 친목 단체에 부지런히 참가해도 거의 의미가 없다. 그리고 명함 수집가가 되어 보았자 도움이 안 된다.

이것에 대한 처방전은 다음 두 가지이다.

◑ 아웃 소스로 외부 사람과 일을 한다

실제로 일을 통해서 보지 않으면, 자신들의 '사내' 방식을 부감하는 것이 되지 않는다. 외부 사람과 함께 일을 해보아야 한다.

◑ 문자 그대로 '다른 문화권'에 간다

그렇다. 타히티나 파리로 가서, 마음껏 현지의 '이상스런 문화'에 접해보는 것이다.

자신이 소속되어 있는 조직이나 업계에 물든 OS를 자극해 줄 것이다.

※ 특히 경영자에 경고! 만일 이것을 실행해서 사원을 타히티에 보낸다 하더라도 귀국한 후에 '보고서' 같은 것의 제출은 요구하지 말 것! '무조건'이 중요하다.

법칙 8 애매한 영역을 소중히 하라

인간이 하는 일은 잘 납득을 할 수가 없다. 융 심리학에서는 검은 것과 흰 것을 모두 통째로 받아들인다. 액셀러레이터를 밟아 가면서 브레이크 거는 것을 인간은 태연스럽게 한다. 그렇기 때문에 전진하는 것이다.

말하는 것이 모두 논리가 명쾌하고 하나의 모순도 없다. 그러나 인망(人望)이 없는 사람도 있다. '당신이 말하는 것은 옳다. 한 치의 틈도 없다. 하지만 따라갈 수가 없다.' 는 식이다. 인간이라는 것은 본래 애매한 존재다. 인과관계 같은 것이 엉망진창이라고 해도 좋다. "왜 그런 짓을 했는가?" 하고 물어도, "글쎄, 그냥 그렇게 되어 버렸다."는 경우도 있다. 애매한 영역을 그대로 남겨 두자. 무엇이든지 모두 납득하려고 하지 말라.

법칙 9 장기적인 목표를 설정하라

조직률은 오랜 시간을 두고 조금씩 조금씩 쌓인 지식의 축적이다. 그 축적에서 조직 고유의 문화가 생겨난다. 지식은 개인으로부터 생겨난다. 암과 묵의 눈에 보이지 않는 지식은 개인 속에 있다. 그것들 모두가 눈에 보이는 것으로 표출되고 스며

나온 것이 조직률이다. 싱글벙글 웃고, 명랑하고, 자기도 모르게 웃음이 나오는 문화. 폭소가 그치지 않고, 월요일에 회사에 가는 것이나 네트 조직일 경우 네트에 로그인 하는 것이 기다려지는 그런 조직. 그 조직에 '장기적인 안목으로 본다' 는 OS를 정착시키려면 어떻게 하면 좋은가? 목표를 설정하는 방법이 중요하다.

우선 목표를 명확히 설정하고 의식해야 한다. 목표는 '의식' 하지 않으면 손에 들어오지 않는다. 이것에 대하여 적합한 사례가 있어서 소개하겠다.

〈아사히 가세이〉의 육상부 감독 무네 시게루한테 들은 이야기이다. 무네는 자신은 실패했다고 한다. 무슨 얘기인가?

"나는 '올림픽에 나가고 싶다' 고 생각해 버렸습니다. 이것이 실패의 원인이었죠. 왜냐하면 '올림픽에 나간다' 가 목표라면, '올림픽에 나가게 되면' 그것으로 목표가 달성되어 버리게 되기 때문입니다.'

그렇다면 어떻게 해야 했을까?

" '올림픽에서 금메달을 따겠다' 고 원해야 했다구요." 라는 것이다.

"정신을 차려 보니까 싱글이 되어 있었다." 고 말하는 골퍼는 없다. '싱글이 되겠다' 는 목표를 향해 노력하고 노력해서 가까스로 손에 넣을 수 있었던 것이다.

　인간은 80을 지향하여 100의 결과를 얻을 수가 없다. 100을 목표로 해야 겨우 80에 도달하는 것이다.

　단기적인 목표를 지향하고 실현이 가능한 낮은 장해물만을 설정해도 소용이 없다. 감귤 상자 위에 올라가서 "세계를 지향한다."고 사원들에게 선언한, '당시 하마마츠의 기름투성이의 아저씨' 혼다 소이치로를 배우자. 엄청난 매력이 넘치는 꿈을 뜨겁게 얘기하고, 긴 안목으로 보아 나가자. 실패를 되풀이하자. 용서하자. 실패에 의해서 얻은 지식이 조직 속에 차곡차곡 쌓여 조직률로 자라나고, 이윽고 문화가 되고, 크고도 굵은 뼈가 되어 줄 것이다.

Lessons learned

웃는 얼굴로 경영하기 위해서 당신이 할 수 있는 것

1. 조직의 행동을 지배하는 것은 인간이 발하는 '기'와 '지식'의 축적이라고 이해하자.
2. 플러스의 '기'는 웃는 얼굴에서 생겨난다. 그러니 경영이란 인간이 전부라고 납득하자.

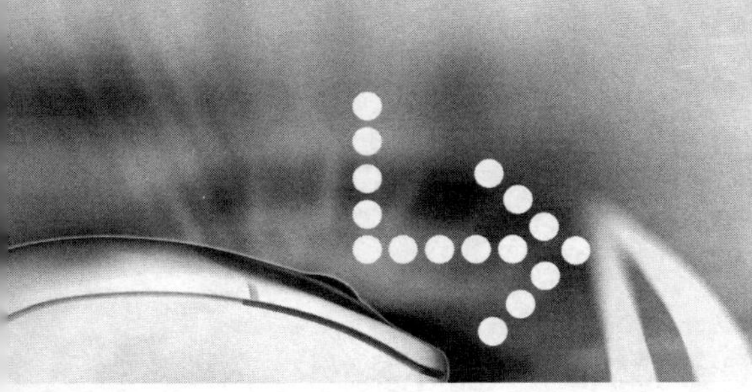

통합하자

소비자를 전체로 파악하고 정열을
기울여야 비즈니스에 생명이 있다

아침, PC의 스위치를 켜서 작동시킨다. 부엌에 가서 오렌지 주스를 따른다. 어제 먹다 남은 프랑스 빵을 봉지째 창가에 있는 테이블로 가져 가서 손으로 뜯어 먹는다. 창 밖으로 버스가 열차처럼 줄을 지어 링컨 터널(허드슨 강을 관통하여 맨헤튼과 뉴저지를 연결하는 터널)로 들어가는 것이 보인다. 빵은 벌써 딱딱해져 있다. 빵은 생물, 즉 살아 있는 것이라는 것을 잘 알 수 있다. 그리고 나의 상념은 일본 시장에 프랑스빵을 도입하여 보급시키려고 정열을 기울였던 사나이들에게로 날아간다.

👆 '내가 하고 싶다'

'단 한 사람의 정열'[29]이 터무니없는 꿈을 현실로 만들어 버린다. 프랑스빵의 일본 도입 스토리도 그렇다.

일본에서는 빵이 과자 취급밖에 받지 못했던 1965년 4월, 프랑스에서 홀홀 단신으로 보스턴 백 한 개만을 달랑 들고 찾아온 프랑스 청년 비고[30]는 22세였다. 그를 따뜻하게 맞아들여 마음껏 빵을 굽게 하고, 독립할 때에는 아시야의 가게를 비고의 점포로 흔쾌히 제공해 준 사람은 〈동크〉의 후지이 유키오 사장(현 회장)이었다. 그들 두 사람 모두 "일본인에게 맛있는 프랑스빵을 먹게 하고 싶다!"는 '터무니없는 꿈'을 정열적으로 내걸고, 밤낮을 가리지 않고 연구를 거듭하면서 빵을 구워 왔다. 물론 그들 두 사람 외에도 수많은 제빵 기술자들의 노력이 있었다. 상세한 이야기는 『비고 씨의 프랑스빵 이야기』라는 멋진 책을 읽어 보기 바란다.

여기서 내가 말하고 싶은 것은 '단 한 사람의 정열'의 소중함이다. 알맹이가 아니라 바삭바삭한 껍질을 맛있다고 말하게 하기 위한 '맛의 혁명', 프랑스빵을 대표하는 바게트는 그날 안으로 먹지 않으면 굳어 버리기 때문에 사다가 저장해두는 것이 아니라, 매일 필요한 양만큼 사러 가야 하는 '구매의 혁명', 빵은 일본인에게 있어서 쌀과 마찬가지로 간식이 아니라 주식이라는 '문화의 혁명', 이러한 혁명들을 실현시키는 노력. 비고와 후지이는 이런 사명을 '할 수 있을까?' 도 아니고, '하지 않으면 안 된다' 도 아니고, '내가 하고 싶다' 는 오직 한마음으로 정열을 쏟았던 것이다.

👆 효모의 은혜 갚음

빵은 살아 있다. 빵을 만들 때 사용하는 것은 밀가루와 물과 소금과 효모뿐이다. 긴자점에서 효모를 죽여버렸을 때, 비고는 아시야 본점에서 신칸센의 식당차 냉장고를 이용하여 효모를 긴자점으로 옮겼다. 그로부터 10년쯤 뒤, 아시야 본점의 효모가 고베대지진으로 없어지고 말았다. 이번에는 거꾸로 긴자점의 효모가 아시야 본점으로 옮겨졌다. 그야말로 '효모의 은혜 갚음(보은)' 이다.

그리고 그 살아 있는 효모로 빵을 소중히 굽고 맛있게 하기 위한 기술은 이 책의 처방전 3에서 논한 '장인의 지혜' 이다. 정열이 기술을 낳아 전승시키는 것이다.

어떤 사회에 축적된 기술을 세키 미츠히로는 세 종류, 즉 '기반 기술', '중간 기술', '특수 기술' 로 분류하고, 이것을 차례로 쌓아 올라가면 '특수 기술'이 최상위에 온다고 말하고 있다(『풀세트형 산업 구조를 넘어서』). 세키에 의하면 기반 기술은 주조, 도금, 도장, 프레스, 플라스틱 성형 등의 범용성이 있는 가공 기술로 구성되고 일본에서는 주로 마을 공장이 지탱해 나가고 있다.

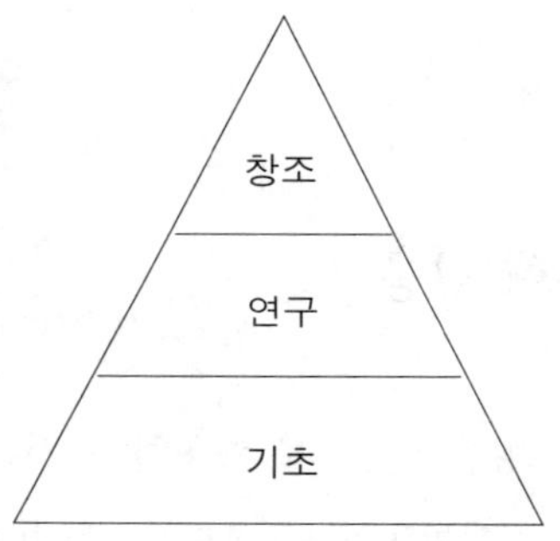

【비즈니스력의 수(守)·파(破)·리(離)】

나는 이 사고방식을 더욱 발전시켜, 이른바 '비즈니스력'이라는 것을 세 종류로 나누고 싶다. 즉 '기초', '연구', '창조'이다. 이미 눈치챈 사람도 있겠지만, 이것은 '수(守)·파(破)·리(離)'와 통하는 것이 있다. '수·파·리'는 전통 예능·다도·합기도·검도 등에서 쓰는 말인데, 우선 기초나 형을 몸에 '지키고[守]', 그것을 자신에게 맞는 것으로 만들기 위해 일단 '깨뜨리고[破]', 마지막에는 자신의 독자적인 오리지널한 형을 창조하고 '떠나는[離]' 과정을 가리키고 있다.

'기초'는 기본 중의 기본으로, 몸에 익히지 않으면 안 되는 '형'이다. 골프에 비유한다면, 그립(grip)은 스퀘어하게 잡고, 스트로크는 클럽헤드를 똑바로 뒤로 빼서 똑바로 친다. 이러한 동작을 의식하지 않아도 할 수 있게 되는 것을 말한다. 야구 같으면, 플라이 볼을 받을 때는 반드시 글러브에 다른 한 손을 갖다 대는 동작이다.

'연구'는 '기초'가 몸에 익은 다음에, 자신의 체격이나 생각에 맞도록 어레인지하는 것을 말한다. 그렇다고 하기가 힘들다고 해서 클럽헤드를 똑바로 빼는 것을 그만두고 비스듬히 빼는 것은 아니다. 그것은 '기초'이기 때문에 바꾸어서는 안 된다. '골프 제왕'인 잭 니클라우스는 어드레스에 들어갔을 때, 턱을 가볍게 오른쪽으로 당긴다. 사실은 나는 이 '틴백'이라고 불리는 동작을 흉내내고 있는데, 이상하게도 등줄기에 굵은 선이 한 개 박힌 것 같은 감각이 되었다. 즉 스윙에서 축이 흔들리지 않게 되었다. 이런 것을 '연구'라고 부른다.

'창조'는 기초와 연구 바탕 위에 성립되는데, 거기에 자신의 독자적인 창조를 보태는 것이다. 또 다시 골프의 예를 들어서 설명하지만, 아오키 이사오는 독특한 배팅 폼으로 널리 알려져 있다. 일반적으로 손목을 움직여서는 안 된다고 말하고 있지만, 그는 손목으로 강하게 때리는 것이다. 극단적으로 몸을 앞으로 구부리는 자세도 좋고, 아오키 프로만의 창조인 것이다.

이런 사고방식은 제조업에만 국한되지 않고 서비스업에도 적용할 수 있다. '기초'에 예를 들면, 타일을 정확히 시공하는 것, 벽의 선을 정확히 내도록 마무리를 하는 것, 손님을 대할 때 항상 미소를 짓는 것, 올바른 경어를 사용하는 것 등이다. 당연히 미국에서는 이 점이 가장 취약하다.

매일 수영을 하고 있는 스포츠센터의 풀 밑바닥에는 타일이 전체적으로 깔려 있는데 코스를 따라 일직선으로 되어 있어야 할 것이 비뚤비뚤 일그러져 있다. 정사각형의 타일이기 때문에 제대로 기준선을 내기만 하면 아름다운 선이 나올 수 있을 텐데 기준선이 나와 있지 않다. 아무래도 물 속에서 봐서 그런 것만은 아닌 것 같다. 현장에서 일하는 사람이 제대로 시공을 할 줄 모르는 것이다. 그리고 그것을 관리하는 건설회사의 현장 감독도 그것으로 승인한 모양이다. 이것은 '기초'가 안 되어 있는 사례이다.

어째서 이렇게 되었을까? 근로자의 배후에 강력한 노동조합이 버티고 있어서 '불만이 있다면 일을 하지 않겠다!'는 풍조가 있다고는 하지만, 기초가 취약해져 있는 것이 가장 큰 원인인 것만은 틀림없다. 그리고 기초는 기술과 기능의 축적에 의해서 이루어진다. 미국의 노동조합은 유럽의 길드(중세 유럽에서 기술의 독점을 위해 조직된 동업자의 자치 단체)의 흐름을 이어받은 직종별 노동조합이고, 회사 단위의 일본과 달리 직능별로 되어 있다. 그렇기 때문에, 본래는 직능에 대한 긍지가 갖춰져 있어도 좋을 법한데, 그렇지 않은 것이 아이러니다.

기초가 취약해져 있는 것은 미국뿐만이 아니다. 일본에서도 마찬가지다.

어떤 잡지사의 편집자는 나를 "그쪽"이라고 부른다. "편집부에서 손을 댔기 때문에, 그쪽이 신경을 쓸 지도 모르겠습니다만." 하는 표현을 쓴다. 일본을 대표하는 신문사 계열의 잡지이다. 왜 이처럼 고학력에다 지적 직업에 종사하고 있는 인물이 이렇게 되어 버렸는가? 그 이유로 다음 두 가지를 생각할 수 있다.

1. 국어 교육의 빈곤
2. 사내 교육의 빈곤

여기서는 사내 교육에 대해서 생각해보자. 아마도 그 편집자는 상사로부터 주의를 받은 적도 없을 것이다. 상사는 깨닫고는 있지만 모르는 체 하고 있는 것이 틀림없다. 왜냐하면 '이해해주는 상사'를 연기할 필요가 있기 때문이다. 또는 끔찍한 일이지만, 상사도 깨닫지 못하고 있을 가능성이 있다. 상사는 30대 후반이다. 그는 입사 당시에 '신인류'라고 불리었고, 당시의 상사들은 그를 교육하려는 노력을 포기했다. 그러니까 알 수가 없는 것이다.

이와 같이, 기초가 되어 있지 않은 것은 전승이 제대로 되지 않은 것이 원인이다. 프랑스 요리를 먹을 때에는 매너 같은 것도 전승의 세계이다. "와인을 따를 때는 우선 자신의 것부터 따른다. 코르크가 떠오를지도 모르니까."와 같은 것은 누군가에게 배우지 않는 한 알 수가 없다. 일본인은 자기도 모르게 연회 때의 버릇으로 다른 사람부터 먼저 따라줄 것이다.

'밀가루와 물과 소금과 효모만'으로 예술품과 같은 빵을 만들어내는 비고는 제자에게 청소를 철저하게 가르친다고 한다. 마찬가지로 일본 요리의 주방장도 청소 교육을 엄격하게 시키고, 공사 현장에서 청소는 기본이다. 매일 청소를 깨끗이 함으로써 사고도 예방하고, 안전한 작업을 할 수가 있으며, 일의 능률도 오르는 것이다.

나는 뉴욕의 공사 현장 앞을 지나면서 그 현장을 지켜본 적이 있는데, 혼란스럽고 손을 댈 수 없을 정도로 지저분했다. 그 지저분함 속에서 아름다운 건축물이 완성될 리가 없는 것이다.

☝ 일본 기업의 '전승'

그렇다면 현재 일본의 직장에서는 '전승'이 어떤 식으로 이루어지고 있는가? 애당초 이루어지고나 있는 것일까?

전승이 되지 않고서는 '기초'가 축적될 수가 없으며, 기초가 없는 곳에는 연구도 창조도 없다. 직장의 '전승' 관리를 진지하게 생각하지 않으면 안 된다. 「처방전 7의 법칙 6」에서도 언급했지만, '사규'가 있는 직장은 전승이 이뤄지기 쉬운 환경에 있다고 할 수 있다.

종래, 일본의 직장에서는 어떤 방법에 의해서 전승이 이루어지고 있었는가를 생각해보자.

1. 회의
2. 사내 연수
3. 일을 통해서
4. 퇴근길의 한잔

등이 금새 떠오른다. 가선 공사를 하는 인부의 다큐멘터리를 텔레비전에서 보았는데, 일의 전승은 매뉴얼이 아니고 '일은 선배가 하는 것을 보고 훔쳐라'였다. 선반공의 세계에서도 그렇다. 견습공은 기계 주위를 청소하거나 기름을 치거나 하는 잡일을 하면서 쇠를 깎는 선반공들의 손끝을 보고 배운다. 역시 일을 통해서 배우는 것이 전승에는 큰 도움이 된다. 그렇다면, 일의 현장에서 전승을 실컷 배우도록 하자. 당연히 "아직도 멀었다." 또는 "그런 식으로 해서는 안 된다."와 같은 과격한 표현도 나올 것이라고 생각한다. 그것도 필요한 것이다. 적극적으로 전승을 배워 나가자.

🖑 EC는 너무 세분화되어 있다

EC의 최대의 죄악은 비즈니스를 너무 세분화시켰다는 것이다.

당신이 닷컴의 웹사이트에서 쇼핑을 했다고 하자.

(1) 보내는 곳을 기입해 주십시오.

우선, 도도부현(都道府縣)을 풀다운 메뉴에서 찾는다(대개는 일본만의 설계로 되어 있어서, 외국에 사는 사람은 무시되고 있다. 기껏해야 '해외' 라는 것이 있으면 다행이다).

다음에, 부현명(府縣名) 이하의 주소와 살고 있는 아파트를 나누어서 기입하지 않으면 안 된다.

(2) 결제 수단을 선택해 주십시오.

다음의 것들 중에서 골라 주십시오.

- 카드
- 카드 회사에 신고하고 있는 내용을 모두 적어 주십시오.
- 은행 입금

(3) 배송 방법을 선택해 주십시오.

다음의 것들 중에서 골라 주십시오.

• 택배편

• 배달해도 좋은 시간대를 골라 주십시오.

고객에게 제공하는 가치를 너무 세분화하고 있다.

예를 들면, 카드 결제의 과정 등은 점포와 카드 회사 사이의 사정이지, 고객과는 아무 관계도 없다. 오히려 왜 자신의 개인 정보를 점포에 알리지 않으면 안 되는지 납득이 가지 않는다. 점포는 대금 회수를 카드 회사에 아웃소스하고 있는 셈이다. 그 때문에 수수료를 지불하고 있으며, 더 나아가서는 그 수수료는 소비자가 상품 가격의 어딘가에서 부담하고 있는 것이다. 그런데도 무엇 때문에?

그리고 호텔도 고객의 요구사항을 세분화하기를 좋아한다.

호텔 객실의 전화에는 버튼이 많으므로 자신이 호텔 측에 원하는 것이 지배인인지, 벨 캡틴인지, 프런트인지, 하우스 키퍼인지 손님 쪽에서 '분류' 하지 않으면 안 된다. 변기의 물이 역류해서 오물과 함께 욕실이 엉망진창이 되어 버렸다. 물이 아래층으로 새면 큰일이다. 어떻게 할까? 서둘러 알리지 않으면 안 되겠다고 당황하고 있는 상황에서 '똥물투성이의 욕실에 대한 해결' 을 어디에 부탁하면 좋단 말인가?

또 당신이 어떤 은행의 고객 센터에 전화를 걸었다고 하자.

"감사합니다. ○○ 은행입니다. 일본어를 하실 분은 1을, 영어를 하실 분은 2를 …… ~ 하실 분은 1을, ~ 하실 분은 2를, ~ 하실 분은 3을, 처음으로 돌리시고 싶은 분은 0을 눌러 주십시오."

'이보시요, 내가 해주기를 원하는 것은 지금 한마디도 하지 않았단 말야. 아니, 어느 범위에 들어 있는데 내가 알아차리지를 못한 걸까? 아무튼, 나는 금리니 뭐니 하는 것은 모르니까 말이야. 좀더 공부를 하지 않으면 안 되겠군 …….' 하고 전화를 들고 있는 동안, 당신은 반성을 하고 있다.

고객이 자신의 요구 사항을 스스로 세분화하지 않으면 안 되는 이런 방법은 즉각 그만둬야 한다.

☝ 소비자를 전체로 파악하자

소비자는 요소로 세분화할 것이 아니라, 전체로 파악하지 않으면 안 된다.

그런 점에서, 〈고바야시 제약〉은 본받을 만하다. 소비자를 전체로 파악하고 있는데 〈고바야시 제약〉의 웹사이트에 그것이 잘 나타나 있다.

〈제품을 찾는다 : www.kobayashi.co.jp/seihin/〉에서 다섯 종류의 찾는 법을 제시하고 있다.

- 카테고리로 찾는다.
- 이름으로 찾는다.
- 주거의 쾌적함으로 찾는다.
- 몸의 부위로 찾는다.
- 고민으로 찾는다.

제품으로부터의 발상이 아니라, 자기 회사가 제공할 수 있는 범위의 생활 전체로부터 발상하고 있다는 것을 알 수 있다.

인간에게도 품격이 있는 것처럼 기업에도 품격이 있다. '인간과 사회에 멋진 쾌적함을 만들어내는 것'을 비전으로 삼고 있는 〈고바야시 제약〉의 기업 품격은 아름답다.

매뉴얼 문화는 아마추어 문화

매뉴얼 만들기는 비즈니스를 세분화하는 데서부터 출발한다. 그러나 이 매뉴얼이 고객 만족도를 높이고 있느냐 하면, 오히려 '불만을 부르지 않는 예방약' 밖에는 되지 않고 있다. 바(bar)를 높이 올리기 위한 매뉴얼이 아니라, 바를 낮추어도 고객으로부터 불평을 듣지 않기 위한 매뉴얼인 것이다.

약을 비유해서 말한다면, 체질을 개선하거나 강화하는 것이 아니라 '키우고 있는 병이 발현하지 않기 위한 통증 제거' 인 것이다. 경우에 따라서는 본래 갖고 있던 좋은 것조차 파괴해 버리는 부작용까지 있다. 모리 유키오가 소개해준, 구마모토의 패스트푸드점에서 거스름돈을 건네줄 때의 사례가 그 좋은 예이다.

그러나 매뉴얼을 웃어버리고만 있을 수는 없다. 애당초 비즈니스를 세분화한 것은 서양 학문의 죄이다. 실제로 비즈니스 스쿨의 과목을 보면, 뭐가 뭔지 영문을 알 수 없게 된다. 마케팅 하나만 보아도, "아니 이렇게 과목이 많이 있다니, 나는 이런 것을 공부한 적이 없는데 큰일났는 걸." 하고 생각하게 된다.[31]

이것은 서양 의학에 의한 병원과 비슷하다. 자신의 병을 치료받기 위해 어떤 과로 찾아가야 하는지 환자가 생각하지 않으면 안 되는 것이다. 그것을 모르면, 1일(로 끝나면 다행이지만) 코스의 '종합 검진' 을 받게 된다. 본인은 '감기가 조금 들었는지도 몰라. 한데서 잠을 잔 것이 잘못된 모양이야.' 하고 어렴풋하게 짐작이 가는 데도 피를 뽑고, 관을 삽입한다. 의사는 단순한 아마추어에 지나지 않는다. 의사 쪽도 환자를 전체적으로 진단할 수 없게 되어 버린 것이다. '종합 검진' 을 받기로 예약을 하고 (검사는 2주일 후다), 집에 돌아와서 하룻밤 자고 났더니 저절로 병이 낫기도 한다. 한편, 한의학의 경우에는 환자를 전체로 파

악한다. 그래서 미병(未病 : 아직 병이 되지 않은 병)을 고칠 수가
있는 것이다.

통합을 하자

열쇠는 '통합'이다. 부분을 아무리 겹쳐 쌓아올려 봐도 전체
는 되지 않는다.

성능이 우수한 접착제가 개발되었다 하더라도, 인간을 마구
토막냈다가 다시 붙인다 해도 인간이 되지는 않는다.「처방전 5
: 브랜드를 행동하자」의 우주 소년 아톰의 이야기에서 언급한
것처럼 '생명'을 불어 넣을 수는 없기 때문이다.

브랜드에 있어서는, 에스테틱스 = 브랜드의 약속 × Σ(고객 인
상의 종합)가 생명이었다.

그렇다면, 경영의 '생명'은 무엇에 의해서 불어 넣어지느냐
하면, '고객의 입장이 되어서 생각하는' 풍부한 상상력과 '고
객을 위해서' 행동하는 뜨거운 정열이다. 고객의 요구 사항을
잘게 짤라서 '카테고리'로 만들어 고객을 개인 손님이라고 부
르고 데이터베이스를 정비해 보았자 고객의 QOL은 올라가지
않는다. 맨 투 맨이라고 부르고 고객의 기호까지 알아내 보았자
단순하고 불쾌한 스토커에 지나지 않게 된다. 더구나 고객이 언

젠가 어떤 탤런트를 좋아한다고 쓴 2년 전의 고객 데이터를 근거로 e메일을 보내보았자 아무 소용이 없다. 이미 취향이 바뀌었기 때문이다.

연수입, 나이, 거주지, 가족, 학력 등을 데이터로 수집하여, 사이코 그래픽스 분석이나 데모그래픽스 분석을 해서 고객을 세분화하고 카테고리화하는 것은 그만두자. 복수 구매율, 내점률, 반복 내점 도수, 고객 만족 도수(CS) 등을 숫자로 만들어서 엑셀 표로 정리하고, 아름다운 차트로 만드는 것은 소일거리로는 좋을지도 모른다. 그러나 그것이 무엇을 나타내주겠는가? 고객의 QOL을 높이는 데 무슨 도움이 되겠는가?

☝ 고객을 고객으로서 전체로 파악하라

불교의 천태종에는 현교(顯敎)와 밀교(密敎), 즉 지관과 차나가 있다. 지관(止觀)은 이성의 세계, 차나(遮那)는 직관력의 세계이다. 이 두 가지는 쌍으로 되어 있다.

지금까지의 미국형 마케팅은 지관을 거론해 왔다고 할 수 있다. 그러나 그것만으로는 안 되며, 차나도 중시하지 않으면 안 된다. 일본형 마케팅을 실행하려면 양자를 함께 받아들이는 자세를 가져야 한다.

Lessons learned

통합하기 위해서 당신이 할 수 있는 것

1. 정열을 갖고 일을 하자.
2. 기초가 전승되는 직장을 만들자.
3. 고객을 부분이 아니라 전체로 파악하자.
4. 이성의 세계와 직감의 세계를 함께 받아들이자.

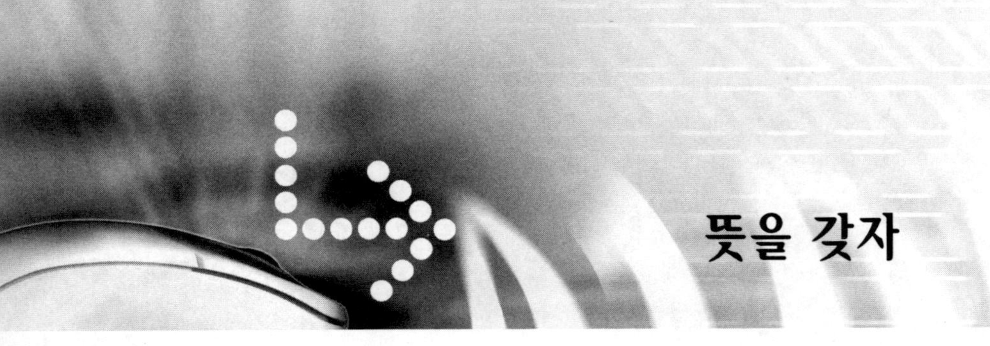

뜻을 갖자

'슬로 비즈니스'가 결실을 맺게 하는 것은 'QOL'이다. 비즈니스의 목적은 매상을 높이는 것도 아니고, 이익을 추구하는 것도 아니며, 고객의 생활의 질(QOL)의 향상이다. 이 QOL을 추구하는 것, 즉 QOL 퀘스트가 경영의 본질이다. QOL 퀘스트는 무엇에 의해서 성취되는가? 이 책에서 지금까지 살펴온 수많은 사례들을 돌이켜보면, 여러 가지 말이 떠오를 것이다. 꿈, 교육, 통합, 2안 리플렉스 카메라, 중화사상 등.

그것들 전부를 떠받치는 것은 '뜻[志]'이 아닐까? 무슨 일이 있어도 해내고야 말겠다, 고객의 QOL을 높이겠다, 그 때문에 분골쇄신하여 일하겠다. 바로 이러한 새로운 가치를 추구하는 '뜻'이다.

그리고 '뜻' 은 일에 대한 사랑에서 생겨난다.

1995년 1월 말, 나는 고베 산노미에서 산악 자전거를 타고 현장 조사를 하고 있었다. 주위는 엄청난 먼지투성이였다. 희뿌옇게 먼지가 드리워져 있었다. 고베대지진에 의해서 붕괴된 건물이나 구멍투성이의 도로에 먼지나 콘크리트가루를 바람이 용서 없이 대기로 말아 올리고 있었다.

나의 조사 목적은 건물 벽의 손괘 상황을 실제로 직접 보고 관찰하는 것이었다. 그냥 일을 하러 가는 것이 아니라, 내가 관계한 건물을 내 손으로 고쳐보고 싶다는 뜨거운 열의에 사로잡혀 있었다. 건축은 종합적인 기술의 집적이기 때문에, 건설회사가 건물 전체를 진단한 다음에 보수를 하지 않으면 올바른 품질이 되지 않는다. 건재 제조회사의 담당자가 할 수 있는 일은 한정되어 있다. 그래도 자신이 도면을 읽고 대리점과 함께 납품을 하고, 시공할 때 고생한 애환이 있는 건물의 모습은 친지의 행방에 신경을 쓰는 것과 마찬가지로 굉장히 마음에 걸렸다. 이곳의 현장 소장의 얼굴은 지금까지도 생생하게 기억하고 있다. 냉정하고 차분하며, 그리고 호쾌한 판단을 내리는 사람이었다. 계약 교섭을 할 때에는, 우리들이 제출한 견적 금액과 현장 예산에 상당한 차이가 있어서 다른 경쟁 회사와 치열하게 다투었다. 막상 수주하고나서부터는 자재 납기에 맞춰서 댄다, 못 댄다로 말썽이 있었다. 가격 교섭에 시간을 너무 끌어서, 계약 후에 착수한 시공 도면의 완성이 늦어진 것이 그 원인이었다. 그렇기 때문에 몇 번씩이나 찾아다닌 현장이라서 더욱 감회가 깊었다.

보통 때 같으면 산노미야 역에서 걸어서 15분밖에 안 걸리는 장소에 40분 가량이나 걸려서 가까스로 도착했다. 이미 아까부터 멀리 건물이 보였다. 건물이 서 있는 것은 알 수 있었다. 기울어져 있는지 어떤지는 알 수가 없지만, 일단 건물이 서 있기는 했다. 서 있는 것만 해도 감지덕지지만 인간은 욕심이 많아서 이번에는 '무사해주었으면 좋겠다.'고 생각하게 되었다. 정면에서 보니까 역시 무사할 리가 없었다. 창유리는 모조리 깨져 있었다. 그러나 벽패널은 한 장도 떨어진 것이 없고, 제대로 벽면을 유지하고 있었다! 나는 나도 모르게 벽으로 달려가 손바닥을 갖다 댔다. 타일도 떨어진 것이 없었다. 벽을 향해서 말을 걸어보고 있었다.

"잘도 견뎌냈구나!"

그 이상 아무 말도 하지 못한 채 다만 손바닥으로 전해오는 벽의 체온을 느끼고 있었다. 됐다! 이 체온이 있으면, 건물은 살아 있는 것이다. 전혀 논리적이지는 않지만, 나는 그렇게 확신하고는 안도의 숨을 내쉬었다. 허리에서 힘이 빠져 나갔다.

여기서 처음으로 도로 맞은편에 눈길을 보냈다. 불도저 같은 건설 기계가 벽을 부수고 있었다. 먼지의 하얀 커튼이 내려지고 있었다. 그러자 한순간 먼지가 걷히고, 운전사의 얼굴이 똑똑히 보였다. 입을 벌리고 있었다. 고함을 지르고 있었다. 운전사가 고함치고 있는 것이었다. 먼지가 다시 시야를 하얗게 가렸다. 운전사의 얼굴은 보이지 않게 되었으나, 틀림없이 그는 소리치고 있었다.

나는 손바닥을 벽에 갖다 댄 채였다. 운전사는 고함치고 있었다. 지진이 만든 먼지 한가운데서 두 사람 모두 일을 사랑하고 있었다.

1) 『월간 플랫』지가 발간되는 지역은 고베 시 다레미즈 구, 니시 구, 스마 구의 3개 구이다. 고베 시 인구 전체의 42%인데, 현재 인구 증가가 가장 큰 지역이다. 세대수는 22만 8000세대, 인구는 63만 3000명.

2) 브랜드 태그 라인(Brand Tag Line) : 고객과 잠재 고객에게 감정적이고 기능적인 이익을 전달하고, 얘기하기 위한 몇 마디의 말 또는 짧은 문구. 이것에 의해서 생활인이 브랜드를 어떻게 느끼고 받아들이는가에 영향을 미친다. 예를 들면, 〈나이키〉의 "Just Do It."

3) 성공의 트라이포드

4) 덧붙여 말하면, 아르바이트 직종은 다음과 같다.
판매계, 서비스계, 운수 및 물류계, 매스컴 및 출판계, 디지털계, 미식가 및 푸드계, 사치계, 사무실 및 사무계, 토목, 건축, 제조계, 공용 클럽계, 예능계, 건강 및 의료계, 인테리어 설비계, 영업계, 그 밖의 전문직계.

5) 'e' 는 electronic의 약자. 인터넷이나 전자 장치에 의해서 강화된 지식을 가리킨다.

6) i모드에 대응하고 있는 온라인 점포는 봄방학 때 매상이 떨어지는 현상을 체험했다. 그 이유는, 구매층이 고교생이어서 수업시간에 반 친구들과 남몰래 i모드로 쇼핑을 하고 있었기 때문이다. 수업시간에 조용한 것은 공부를 하고 있기 때문만은 아닌 것 같다. 이 이야기는 온라인 점포의 지점장한테 들었다.

7) 퍼미션 마케팅(permission marketing)에서 'permission' 은 '허용',

‘허가’. 기업이 고객에게 메시지를 보내기 전에 “메시지를 보내도 좋겠습니까?” 하고 허가를 구하는 자세를 취하는 마케팅 활동. 수많은 고객을 대상으로 하는 것이 아니라, 한 사람의 고객의 생애 가치를 최대화하는 것을 목표로 한다. 이른바 고객을 ‘세로’로 파나가는 깊이파기가 특징이다.

8) 바이럴 마케팅(viral marketing) : ‘viral’ 이란 바이러스를 말하며, 어떤 아이디어나 상품이 바이러스처럼 사람들에게 차례차례로 감염되어 가도록 촉진하는 마케팅 활동. 구체적으로는 친구들에게 ‘권유’ 하고, 다시 그 친구가 또 아는 친구에게 권유해 나가는 방식이다. ICQ나 핫메일이 성공 사례이다. 퍼미션 마케팅과는 대조적으로 ‘가로’ 를 중시한다. 고객을 가로로 넓혀 나가는 확대가 특징이다.

9) 이 ‘User defined’ 라는 말 역시 유행인 모양이어서 검색 엔진 〈Google : www.google.com)에서 모든 웹사이트를 몽땅 조사해 보았더니 놀랍게도 212만 건이나 히트했다.

10) ‘코어 컨피던스(core confidence)’ 는 핵이 되는 경쟁력. 경영에서의 강점.

11) ‘에스테틱스(aesthetice)’ 는 브랜드가 지니고 자아내는 미학, 분위기 등을 말한다. 한편, 브랜드에 관해서는 「처방전 5 : 브랜드를 행동하자」에서 상세히 논한다.

12) 브랜드의 ‘생명’ 론에 관해서도 처방전 5에서 자세히 논한다.

13) ‘시장의 사상, 행상의 사상’ 은 기츠가와 유키오의 발상이고 네이밍이다.

14) 참고 삼아서, 다른 마케터나 학자의 브랜드 정의도 함께 소개해 보겠다.

> ● '진짜 브랜드(genuine brand)'를 '고객이 브랜드로부터 받는 필링과 기능의 집합체'라고 정의한다.
>
>   ─듄 E. 냅(마케팅 컨설턴트) : 『브랜드 마인드 씨트』
>
> ● 브랜드란 어떤 상품이 탄생했을 때부터 고객으로부터 보내져오는 팬 레터와 클레임을 계속받는 '상자'이다.
>
>   ─ 가타야마 히데키(도쿄 대학 교수) : 『파워 브랜드의 본질』
>
> ● 마케팅이란 잠재 고객의 마음속에 브랜드를 쌓아 올리는 것이다. 강력한 브랜드를 쌓아 올릴 수 있다면, 강력한 마케팅 프로그램을 손에 넣은 것이 된다.
>
> ● 모든 고유 명사가 브랜드다. 개인, 기업, 생활 공동체를 묻지 않는다.
>
>   ─알 라이즈 & 로라 라이즈
>
>   『마케팅 컨설턴트(22 Immutable Laws of Branding)』에서

15) 명의 지식, 암의 지식, 묵의 지식에 관해서는 「처방전 6 : 상상력에 날개를」에서 상세히 기술하기로 하겠다.

16) 1977년, 〈마리오트〉는 호텔을 '소유하는 기업'이 아니라 '경영하는 기업'으로 변신시켰다. 호텔 건설비를 위한 부채의 부담을 장기적으로 지는 것이 아니라 건물을 일단 투자가에게 매각하고, 렌탈 계약을 다시 함으로써 소프트웨어의 경영에 집중할 수 있도록 한 것이다. 이 전략은 주효하여 그 뒤의 호텔 지점수의 급증에 공헌했다.

17) 이 회사의 사이트에는 '쾌적해지고 싶은 장소로 마우스를 이동하여 클릭해 주세요.' 하고 주택의 평면도가 그려져 있는데, 예를 들어 화장실을 클릭하면, '화장실의 악취에 대응한 악취 제거제나 방향제와 변기의 청소가 편해지는 제품'의 리스트가 나온다.

18) 냅스터는 PC 속에 있는 데이터 파일을 인터넷으로 공유할 수 있도

록 하는 소프트웨어로, 유료의 음악 데이터를 이용자끼리 간단하게 교환할 수 있어서 음반 회사가 맹렬히 반발했다.

19) affiliate program의 약자. 성과보수형 광고의 일종이다. 어필리에이트란 '제휴' 나 '가맹' 이라는 의미이다. 광고 게재 도급업자의 사이트 경유로, 광고주인 기업의 웹사이트를 방문한 열람자가 실제로 거기에서 상품을 구입한 경우 광고주가 도급업자에게 보수를 지불하는 모델. 임프레션 보증형 광고나 클릭 보증형 광고와 달라서, 실제로 구입하는 데까지 연결된 것에 대해서만 광고비 지불이 발생하는 구조.

20) '에어로 스트림 폼' 이라고 해서 '환경에의 적합과 넓은 객실 공간을 양립시킨 궁극적인 형' 인 것이다.

21) 「처방전 3 : 장인의 지혜에서 배우자」에서 같은 요리에 대해서 언급한 고찰에서 나는 여기서 말하는 '암과 묵의 지식' 을 '지혜' 라고 부르고 있다.

22) 건축 용어로 건축주를 말한다.

23) NTT 도코모는 2001년 1월 1일부터 '퀵 캐스트' 라는 새 명칭으로 바꾸었으나, 보급하지 않았다. 역시 삐삐는 삐삐다. 덧붙여 말하면, 삐삐가 서비스되기 시작한 것이 1968년이니 실로 33년 만의 명칭 변경인 셈이다. 이처럼 역사가 오래된 서비스를 알고 있는가?

24) 우디 앨런의 영화. 「The Purple Rose of Cairo(1985년)」

25) 〈아스톤 호텔즈 앤드 리조트〉는 와이키키, 마우이, 카우아이에서 30개의 호텔과 콘도미니엄을 소유하고, 4500개의 객실을 자랑하고 있다.

26) 로빈 윌리엄스 주연의 「앤드류 NDR 114」. 원제목은 「The Bicentennial Man(1999년작)」

27) 샐러리맨으로서의 회사일과 〈팜트리〉 사장으로서의 활동. 둘 다
'본업'이라는 의미에서 '부업'이라고 하지 않고 '복업'이라고 불
렀다.

28) '스트로킹의 도서관 실험'이라고 불리는 심리학 실험. 스트로킹
(stroking)이란 피부 접촉을 하는 것을 뜻한다.

29) '단 한 사람의 정열'이라는 것은 모리 유키오의 말이다. 모리는 자
신이 발행하고 있는 메일 매거진,『나는 이렇게 본다(2001년 5월 1일
호)』에서 다음과 같이 정열적으로 이야기하고 있다.
"신규 사업이라는 것은 대기업이 하더라도 담당자의 피와 땀이 없
으면 성공하지 못합니다. 자본이나 노하우나 인재가 풍부하더라
도, 단 한 사람의 정열이 조직을 움직이는 것입니다. 결국 개인 상
점과 기본은 완전히 같습니다."

30) 필립 비고 : 〈비고의 가게〉 창업자. 그의 반생은 『비고 씨의 프랑스
빵 이야기』에 상세히 나와 있다. 〈동크〉는 프랑스빵을 비롯한 각
종 빵, 프랑스 과자의 제조 및 판매, 커피숍, 레스토랑 경영을 사업
내용으로 하고 있다. 점포 수는 전국에 140개가 넘고, 대만과 홍콩
에도 지점을 두고 있다.

31) 예를 들면, 스탠포드 대학교 비즈니스 스쿨(www.gsb.stanford.edu)

후·기

　발상이 막히거나 새로운 해결을 추구하거나 할 때, 나는 센트럴 파크에 간다. 다행히 걸어서 갈 수 있는 거리이다.

　공원 안에 '시프 메도'라고 하는 엄청나게 넓은 잔디밭이 있다. 벤치에 앉았다. 스페인계로 보이는 두 젊은이가 프리스비(frisbee)를 하고 있었다. 두 사람의 거리는 상당히 떨어져 있어서 약 100m쯤 되었다. 두 사람은 프리스비를 주고받고 있었다. 지면 바로 위를 일직선으로 던지거나, 지정한 장소에 정확히 떨어뜨리거나, 완만한 포물선을 그리는 등 프리스비 한 개로 이렇게도 즐길 수가 있는 거구나 하고 괜히 나까지 즐거워졌다. 프리스비는 한가운데가 뚫린 원반형이어서 손 대신에 목으로 받는 묘기도 부릴 수가 있다. 정신을 차려보니 한 시간 동안이나 나는 프리스비를 구경하고 있었다. 눈으로 쫓을 뿐, 던지지는 않았지만 나는 내가 던진 것과 똑같은 충실감을 느꼈다.

　왠지 문득 샐러리맨 시절의 기획 회의가 생각났다. 나는 기획서를 앞에 놓고 자신만만하게 설명을 하고 있었다. 맨 마지막에 필요한 예산을 언급했다. 그것은 통상의 4배 정도 되는 고액이었다.
　'내 기획은 전례나 상식을 훨씬 벗어난 것이다. 어떠냐?'라고 하는 자부심과 소영웅주의가 얼굴에 나타나 있었을 것이다. 상사는 조용히 말했다.

"그것으로 되겠는가?"
"네?"
"그 금액으로 되겠나? 부족하지 않겠나?"
"네? 네……."

나는 풀이 팍 죽었다.

이런 말이었다. 상사는 그 예산만 있으면, 그 돈만 있으면 기획이 성공하겠느냐고 지적한 것이다. 마치 예산만 잘 해결되면 그것으로 기획은 성공한다고 말하는 내 생각을 깨우쳐 준 것이다. 기획을 성공시키는 가장 중요한 것은 무엇인가? What은 무엇인가를 가르쳐준 것이었다.

이 책의 밑바닥에 흐르고 있는 사상은 자기 자신을 믿고 생각하는 것의 중요성이다. ' ~이 없으니까 안 된다', '~만 있으면 잘될 것이다' 라고 하는, 이른바 '도구를 사용한 성공의 법칙' 이 아니라, '끝까지 자기 힘으로 생각을 해내서 성공을 하겠다' 는 자세이다. 스피드 경영이라는 말에 쫓겨서 무턱대고 스피드에 밀려 다니고만 있으면 두더지 때리기, 즉 플로의 지식이 고작이어서 천천히, 그리고 차분히 생각하는 스톡의 지식을 계발할 수가 없다. 느리게 가는 것이 좋다.

프리스비만으로도 저렇게 즐길 수가 있다! 프리스비를 던지고 있는 두사람뿐만 아니라, 구경하고 있는 나도 한 시간 동안 마음껏 즐길 수가 있었다. 단순한 굴렁쇠 비슷한 것이다. 그 밖에 아무런 도구도 없다. 하지만 세 사람이 한 시간 동안 차분히 좋은 시간을 보낼 수 있었다. QOL은 높았다.

우리들은 경영이라는 것을 생각할 때, 지금까지 너무나도 지나치게 도구에 의존해온 것은 아닐까? '스타워즈' 제1편의 마지막 장면에서 주인공 루크는 계기에 의존하는 것을 그만두고, 논리력만으로 싸워서 승리를 거두었다. 그렇다. 도구는 때로는 버릴 필요가 있다.

자신의 머리로 끝까지 또 생각하고 생각하고 깊이 생각한다. 다시 한 번 이 원점으로 돌아가자.

센트럴 파크와 같은 대자연을 도시 한가운데에 만들려고 발상한 선인들의 커다란 구상력. 1800년대 중반의 사람들은 현재 우리들이 갖고 있는 경영 이론도, 아무것도 갖고 있지 못했다. 자동차조차 몰랐다. 그러나 엄청난 구상력은 갖고 있었다. 그 덕분에 맨해튼 한가운데서도 다람쥐가 즐겁게 산책하는 모습을 볼 수가 있다.

이 선인들의 장대한 구상력에 경의를 표하고, 이 책의 마무리로 삼고 싶다.

여러분, '슬로 비즈니스' 로 돌아갑시다.

2001년 맨해튼에서
사카모토 게이이치

- www.jp-brain.com/student/chome/ranking_c/
- 2000년도 실적. 「닛케이 네트 비즈니스」. NO. 72, 2001. 4. 10.
- Bernd Schmitt, Alex Simonson : 『*Marketing Aesthetics ; The Strategic Management of Brands, Identity, and Image*』 The Free Press, 1997.
- Charles Fishman : 『Fast Company』. "But Wait, You Promised……", 2001. 4.
- JR 도카이 사이트(www.jr-central.co.jp/museum/zukan/sin_700.html)
- LifetimeClick 발행 메일 매거진 「토끼가 가르쳐주는 IT 용어(2001. 7. 17.호)」 www.lifetimeclick.com/contents/melmaga.html
- Theodore Levitt : 『*Marketing Myopia*』. the Harvard Business Review, September-October 1975, Copyright ⓒ 1975 by the President and Fellows of Harvard College, Reprint 75507, PDF판.
- Web 프레스사 / 일간 이동 통신 뉴스 「뉴스 라이브러리 1999년판」.
- www.kikkoman.co.jp/soyworld/monoshiri/roots/
- www.kikkoman.com
- www.kobayashi.co.jp/seihin/
- www.kodak.com/global/en/consumer/products/cameras/otuwhy.shtml
- www.yakult.co.jp/company/
- www.yakult.co.jp/english/company/vision/
- 「Business 2.0」 2001. 5. 15.
- 「닛케이신문」 2000. 12. 21.자 전면광고에서. 강연 전문의 일본어 옮김은 「히토바시 비즈니스 리뷰」 2001. SPR. 48권 4호에 수록. 「Can Japan Compete?」
- 『퍼미션 마케팅의 미래』. 쇼에이샤.
- 가르츠 하지메 :『'제품 만들기' 는 국가다』. PHP 연구소
- 가타야마 히데키 :『브랜딩 22의 법칙』. 도큐에이전시.
- 가타야마 히데키 :『파워 브랜드의 본질』. 다이아몬드사
- 게어리 블랙우드 지음, 야스다치 마미 옮김 :『세익스피어를 훔쳐라』. 하쿠스이샤.
- 고가와 아나부 :『현대 브랜드 이야기』. 세이코토 신코샤.
- 고베 신문(2001년 기사).

- 기타가와 에리코 외 :『우리들이 드라마를 만드는 이유』. 가도가와 ONE 테마21.
- 나기에 잇세키 :『E 커머스로 승자가 되는 55가지 철칙』. PHP연구소.
- 나미키 정밀 보석 주식회사의 사이트 내「레코드 바늘의 이야기」에서 인용. www.namiki.co.jp/hari.htm
- 노무라 료타로 :『실패로부터의 선물』. 간세이저널.
- 다이야 슌사쿠 :『다이야 모형의 일』. 몬슌 문고.
- 도코반 후미가츠 :『 '질' 의 경영론』. 다이아몬드사.
- 듄 E.냅 지음, 사카모토 게이이치 옮김 :『브랜드 마인드 세트』. 쇼에이샤.
- 리차드 브랜슨 지음, 우에야마 슈이치 옮김 :『버진』. TBS브리태니커.
- 마이니치신문경제부 :『일본의 기술은 세계 제일』. 신쵸 OH!문고.
- 메일 매거진「애플 박사의 호텔 강좌」2000. 7. 26.호 게재. www.appleworld.com/expert_chain/marriott/mt_3.html에서 인용.
- 모리 유키오 :『심플 마케팅』. 쇼에이샤.
- 사와구치 슌시, 미나미신보 :『태연하게 자동차 안에서 화장하는 뇌』. 후소우샤.
- 사카모토 게이이치 :『인비저블 마케팅』
  원저)『The Invisible Touch』.
- 세키 미츠히로 :『풀 세트형 산업구조를 넘어서』. 쥬코우신서.
- 스즈키 쥰이치 :『비즈니스 전략입문』(『Customers.com』). 쇼에이샤.
- 쓰카모토 유키 :『비고 씨의 프랑스빵 이야기』. 슈몬샤.
- 야나기사와 겐이치로, 히가시다니 아카츠키 :『IT혁명? 그런 것은 없다』. 우센샤.
- 오마에 겐이치 :『The Invisible Continent』. Harper Business.
- 오마에 겐이치 :『우량기업』. 고단샤.
  원저)『In Search of Excellence : Lessons from America's Best-Run Companies』
- 오바시 젠타로 :『바이럴 마케팅』. 쇼에이샤.
  원저)『Unleashing the Ideavirus』(www.ideavirus.com)
- 오사카 외국어 전문 학교 사이트 www.osakagaigo.ac.jp/i/grand_1.html.
- 오츠카 제약의 사이트 202.212.23.228/pcr_hb/pocari/htm/faq-j.htm
  원저) Al Ries & Laura Ries :『22 Immutable Laws of Branding ; How to Build a Product or Service into a World-Class Brand』. Harper Business.

- 오하라 스스무 옮김 :『사고 스피드의 경영』. 니혼 게이자이 신문사.
- 이즈 하라유미 :『이노베이션의 딜레마』. 쇼에이샤.
  원저)『*The Innovator's Dilemma ; When new technology cause great firm to fail*』
- 쥬고에 히토시 :『블러의 시대』. 피어슨 에듀케이션.
  원저) Stan Davis, Choristpher Meyer :『*Blur*』. Warner.
- 크레이튼 크리스텐센 지음, 이즈 하라유미 옮김 :『이노베이션의 딜레마』. 쇼에이샤.
- 하마다 와코 :『이상한 사람 에디슨』. 닛케이 비즈니스 문고.『롱 셀러 상품의 법칙』. THE21 2000. 1. 특별증간호, PHP 연구소.
- 히라노 이사무후 :『경영 파괴』. TBS브리태니커.
  원저)『*The Tom Peters Seminar : Crazy Times Call for Crazy Organizations, Vintage*』

가림출판사 · 가림M&B · 가림Let's에서 나온 책들

바늘구멍
켄 폴리트 지음 · 홍영의 옮김

미국 추리작가 협회의 최우수 장편상을 받은 초유의 베스트 셀러로 전쟁을 통한 두뇌싸움을 치밀하고 밀도 있게 그려낸 추리소설. 신국판 / 342쪽 / 5,300원

레베카의 열쇠
켄 폴리트 지음 · 손연숙 옮김

최고의 모험, 폭력, 음모 그리고 미국적인 열정 속에 담긴 두 남녀의 사랑이야기를 독자들의 상상을 뒤엎는 확실한 긴장감으로 마지막까지 흥미진진한 켄 폴리트의 장편 추리소설.
신국판 / 492쪽 / 6,800원

암병선
니시무라 쥬코 지음 · 홍영의 옮김

금세기 최대의 난적인 암을 퇴치하기 위해 7대양을 누빌 암병선을 무대로 인간생명의 존엄성을 지키기 위해 불의와 맞서는 시라도리 선장의 꿋꿋한 의지와 애절한 암환자들의 심리가 생생하게 묘사된 근래 보기드문 걸작. 신국판 / 300쪽 / 4,800원

첫키스한 얘기 말해도 될까
김정미 외 7명 지음

이 시대의 젊은 작가 8명이 가슴속 깊이 간직했던 나만의 소중한 이야기를 살짝 털어놓은 상큼한 비밀 이야기.
신국판 / 228쪽 / 4,000원

사미인곡 上 · 中 · 下
김충호 지음

파란만장한 일생을 보낸 정철의 생애를 통해 난세를 살아가는 우리에게 삶의 지혜와 기쁨을 선사하는 대하 역사 소설.
신국판 / 각 권 5,000원

이내의 끝자리
박수완 스님 지음

앞만 보고 살아가는 우리에게 자신을 뒤돌아볼 수 있는 여유를 갖게 해주는 승려시인의 가슴을 울리는 주옥 같은 시집.
국판변형 / 132쪽 / 3,000원

너는 왜 나에게 다가서야 했는지
김충호 지음

세상에 대한 사랑의 아픔, 그리움, 영혼에 대한 고뇌를 달래야 했던 시인이 살아 있는 영혼을 지닌 이들에게 전하는 사랑의 메시지. 국판변형 / 124쪽 / 3,000원

세계의 명언
편집부 엮음

위인이나 유명인들의 글, 연설문 혹은 각 나라에서 전해져 오는 속담을 통하여 지난날을 되새겨보는 백과전서로서, 오늘을 반성하는 교과서로서, 그리고 미래를 설계하는 참고서로서 역할을 해줄 것이다. 신국판 / 322쪽 / 5,000원

여자가 알아야 할 101가지 지혜
제인 아서 엮음 · 지창국 옮김

남녀가 함께 살면서 경험으로 터득한 의미심장하면서도 재미있는 조언들을 발췌한 내용으로 독신의 삶을 청산하려는 이들이 알아야 할 유용하고 상상력 풍부한 힌트로 가득찬 감동의 메시지이다. 4 · 6판 / 132쪽 / 5,000원

현명한 사람이 읽는 지혜로운 이야기
이정민 엮음

현대를 살아가는 우리들에게 삶의 가치를 부여해주고 자기 성찰의 기회를 갖게 해준다. 신국판 / 236쪽 / 6,500원

성공적인 표정이 당신을 바꾼다
마츠오 도오루 지음 · 홍영의 옮김

고통스러울 때, 괴로울 때, '그럼에도 불구하고'의 스마일을 통해 자신뿐만 아니라 주위 사람들의 마이너스 사고를 플러스 사고로 바꾸어서 사람의 마음을 움직이며, 그리고 사람의 마음에 남는 최고의 웃는 얼굴을 만드는 비법 총망라!
신국판 / 240쪽 / 7,500원

태양의 법
오오카와 류우호오 지음 · 민병수 옮김

불법 진리 사상의 윤곽과 그 목적 · 사명을 명백히 함으로써 한 사람 한사람의 인간이 깨달음을 추구하고 영적으로 깨우치기 위한 명확한 방향을 제시하였다. 신국판 / 246쪽 / 8,500원

영원의 법
오오카와 류우호오 지음 · 민병수 옮김

일찍이 설해졌던 적도 없고 앞으로도 설해지지 않을 구원의 진리를 한 권의 책에 이론적 형태로 응축한 기본 삼법의 완결편.
신국판 / 240쪽 / 8,000원

옛 사람들의 재치와 웃음
강형중 · 김경익 편저

옛 사람들의 재치와 해학을 통해 한문의 묘미를 터득하고 한자를 재미있게 배우며 유머감각까지 높일 수 있는 일석삼조의 효과 만점. 신국판 / 316쪽 / 8,000원

지혜의 쉼터
쇼펜하우어 지음 · 김충호 엮음

쇼펜하우어의 철학체계를 통하여 풍요로운 삶의 지혜를 얻고 기쁨을 얻을 수 있도록 꾸며 놓은 철학이야기.
4 · 6판 양장본 / 160쪽 / 4,300원

헤세가 너에게
헤르만 헤세 지음 · 홍영의 엮음

순수한 애정과 자유를 갈구하는 헤세의 아름다운 세상을 통한 깨끗한 정신세계를 공유할 수 있는 기회를 제공.
4 · 6판 양장본 / 144쪽 / 4,500원

사랑보다 소중한 삶의 의미
크리슈나무르티 지음 · 최윤영 엮음

금세기 최고의 사상가이자 철학자인 크리슈나무르티가 인간의
정신적 사고의 구조와 본질을 규명하여 인간의 삶에 대한 가장
완벽한 해답을 제시. 신국판 / 180쪽 / 4,000원

장자-어찌하여 알 속에 털이 있다 하는가
홍영의 엮음

동양 사상의 저변에 흐르고 있는 자연에의 경외감을 유감없이
표현한 장자를 통하여 인간 본연의 자세로 돌아가 나를 돌아보
는 계기를 만들어 주는 책. 4 · 6판 / 180쪽 / 4,000원

논어-배우고 때로 익히면 즐겁지 아니한가
신도회 엮음

인간에게 필요불가결한 윤리와 도덕생활의 교훈들을 평이한
문체로 광범위하게 집약한 논어의 모든 것!!
4 · 6판 / 180쪽 / 4,000원

맹자-가까이 있는데 어찌 먼 데서 구하려 하는가
홍영의 엮음

반성과 자책을 통해 잃어버린 양심을 수습하고 선으로 복귀할
것을 천명하는 맹자 사상의 집대성!! 4 · 6판 / 180쪽 / 4,000원

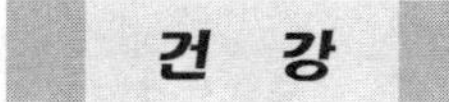

건 강

식초건강요법
건강식품연구회 엮음 · 신재용(해성한의원 원장) 감수

가장 쉽게 구할 수 있고 경제적인 식품이면서 상상할 수 없을
정도로 뛰어난 약효를 지닌 식초의 모든 것을 담은 건강지침
서! 신국판 / 224쪽 / 6,000원

아름다운 피부미용법
이순희(한독피부미용학원 원장) 지음

피부조직에 대한 기초 이론과 우리 몸의 생리를 알려줌으로써
아름다운 피부, 젊은 피부를 오래 유지할 수 있는 비결 제시!
신국판 / 296쪽 / 6,000원

버섯건강요법
김병각 외 6명 지음

종양 억제율 100%에 가까운 96.7%를 나타내는 기적의 약용버
섯 등 신비의 버섯을 통하여 암을 치료하고 비만, 당뇨, 고혈
압, 동맥경화 등 각종 성인병 예방을 위한 생활 건강 지침서!
신국판 / 286쪽 / 8,000원

성인병과 암을 정복하는 유기게르마늄
이상현 편저 · 민형기 감수

최근 들어 각광을 받고 있는 새로운 치료제인 유기게르마늄을
통한 성인병, 각종 암의 치료에 대해 상세히 소개.
신국판 / 304쪽 / 7,000원

난치성 피부병
생약효소연구원 지음

현대의학으로도 치유불가능했던 난치성 피부병인 건선 · 아토

피(태열)의 완치요법이 수록된 건강 지침서.
신국판 / 232쪽 / 7,500원

新 방약합편
정도명 편역

약물의 성질과 효능을 쉽게 꾸며 놓아 자신의 병을 알고 증세
에 맞춰 스스로 처방을 할 수 있는 가정 한방 주치의 역할을 해
준다. 증상과 처방에 따라 가정에서 조제할 수 있는 보약 506
가지 수록. 신국판 / 416쪽 / 15,000원

자연치료의학
오홍근(신경정신과 의학박사 · 자연의학박사) 지음

대한민국 최초의 자연의학박사가 밝힌 신비의 자연치료의학으
로 자연산물을 이용하여 부작용 없이 치료하는 건강 생활 비법
공개!! 신국판 / 472쪽 / 15,000원

약초의 활용과 가정한방
이인성 지음

현대과학이 밝혀낸 약초의 신비와 활용방법을 수록하여 가정
에서도 주변의 흔한 식물과 약초를 활용하여 각종 질병을 간편
하게 예방 · 치료할 수 있는 비법제시. 신국판 / 384쪽 / 8,500원

역전의학
이시하라 유미 지음 · 유태종 감수

일반상식으로 알고 있는 건강상식에 대해 전혀 새로운 관점에
서 비판하고 아울러 새로운 방법들을 제시한 건강 혁명 서적!!
신국판 / 286쪽 / 8,500원

이순희식 순수피부미용법
이순희(한독피부미용학원 원장) 지음

자신의 피부에 맞는 관리법으로 스스로 피부관리를 할 수 있는
방법을 제시하고 책 속 부록으로 천연팩 재료 사전과 피부 타
입별 팩 고르기. 신국판 / 304쪽 / 7,000원

21세기 당뇨병 예방과 치료법
이현철(연세대 의대 내과 교수) 지음

세계 최초 유전자 치료법을 개발한 저자가 당뇨병과 대항하여
가장 확실하게 이길 수 있는 당뇨병에 대한 올바른 이론과 발
병시 대처 방법을 알기 쉽게 상세히 수록!
신국판 / 360쪽 / 9,500원

신재용의 민의학 동의보감
신재용(해성한의원 원장) 지음

주변의 흔한 먹거리를 이용하여 신비의 명약이나 보약으로 활
용할 수 있는 건강 지침서로서 저자가 TV나 라디오에서 다 밝
히지 못한 한방 및 민간요법까지 상세히 수록!!
신국판 / 476쪽 / 10,000원

치매 알면 치매 이긴다
배오성(백상한방병원 원장) 지음

자연의 생기를 빨아들이면서 마음을 다스리는 B.O.S 요법으로
뇌세포의 기능을 활성화시키고 엔돌핀의 분비효과를 극대화시
켜 증상에 맞는 한약 처방을 병행하여 치매를 치유하는 획기적
인 치유법을 한의학 가문의 비방을 3대째 이어오고 있는 저자
가 이해하기 쉽게 제시하였다. 신국판 / 312쪽 / 10,000원

21세기 건강혁명 밥상 위의 보약 생식
최경순 지음

항암식품으로, 아름다운 몸매를 유지하면서 할 수 있는 다이어
트식으로, 젊고 탄력적인 피부를 유지할 수 있게 해주는 자연
식으로의 생식을 소개하여 현대인들의 건강 길라잡이가 되도

록 하였다.   신국판 / 348쪽 / 9,800원

기치유와 기공수련
윤한홍(기치유 연구회 회장) 지음

기 수련을 통해 길러지는 기치유는 누구나 노력만 하면 개발할 수 있고 활용할 수 있는 능력임을 강조하는 저자가 기 수련 방법과 기치유 개발 방법을 자세하게 소개하고 있다.
신국판 / 340쪽 / 12,000원

만병의 근원 스트레스 원인과 퇴치
김지혁(김지혁한의원 원장) 지음

현대를 살아가는 사람들에게 스트레스는 피할 수 없는 존재. 만병의 근원인 스트레스를 속속들이 파헤치고 예방법까지 속 시원하게 제시!!   신국판 / 324쪽 / 9,500원

김종성 박사의 뇌졸중 119
김종성 지음

우리나라 사망원인 1위. 뇌졸중 분야의 최고 권위자인 저자가 뇌졸중의 예방에서 치료법까지 상세하게 제시한 건강서. 일상 생활에서의 건강관리부터 환자간호에 이르기까지 뇌졸중의 모든 것을 수록. 신국판 / 356쪽 / 값 12,000원

탈모 예방과 모발 클리닉
장정훈 · 전재홍 지음

미용적인 측면과 우리가 일상적으로 고민하고 궁금해 하는 털에 관한 내용들을 피부과 전문의인 저자들의 치료 경험을 토대로 다양하고 재미있게 예들을 들어가면서 흥미롭게 구성. 저자들의 글을 풀어가는 입담을 느낄 수 있는 편집도 이 책의 또다른 특징.   신국판 / 290쪽 / 값 8,000원

구태규의 100% 성공 다이어트
구태규 지음

하이틴 영화배우의 다이어트 체험서.
저자만의 다이어트법을 제시하면서 바람직한 다이어트에 대해서도 알려준다. 건강하게 날씬해지고 싶은 사람들을 위한 필독서! 4 · 6배판 변형 / 240쪽 / 값 9,900원

암 예방과 치료법
이춘기 지음

현재 미국 암센터에서 활동하고 있는 저자가 암환자와 가족들을 위해서 암을 쉽게 해설해 놓은 책.
암의 치료방법에서부터 합병증의 예방 및 암이 생기기 전에 알 수 있는 방법에 이르기까지 상세하게 해설해 놓았다.
신국판 / 296쪽 / 값 11,000원

알기 쉬운 위장병 예방과 치료법
민영일 지음

소화기관인 위와 관련 기관들의 여러 질환을 발병 원인, 증상, 치료법을 중심으로 알기 쉽게 해설해 놓은 건강서.
속이 쓰리거나 음식을 삼킬 때 가슴이 막히는 증상 때문에 걱정이 되는 독자들은 이 책으로 근심을 한 방에 날려버릴 수 있다. 신국판 / 328쪽 / 값 9,900원

성장클리닉 (배오성)	사혈요법 (정지천)
홍채학 (김성훈)	항암식품 (신재용)
발건강학 (최미희)	카이로프랙틱 (이승원)
간클리닉 (전재웅)	녹차와 건강 (석자연스님)
자연피부미용 (이순희)	생활인의 선체조 (혜원스님)
고혈압 (이정균)	

우리 교육의 창조적 백색혁명
원상기 지음

자라나는 새싹들이 기본적인 지식과 사고를 종합적 · 창조적으로 발전시켜 창조적인 사고능력을 배양할 수 있도록 한 교육지침서.   신국판 / 206쪽 / 6,000원

육아아이디어 263
생활컨설턴트그룹 엮음 · 한양심 옮김

세상에서 가장 예쁘고 소중한 우리 아기에게 언제나 여유로우면서도 무슨 일이든 척척 처리하는 현명한 신세대 엄마가 되기 위한 최신 육아 정보 수록! 신국판 / 318쪽 / 6,000원

현대생활과 체육
조창남 외 5명 공저

현 체육대학 체육과 교수들이 저술한 생활체육의 모든 것으로 건강의 개념 및 체력의 개요를 비롯한 각종 현대병의 원인과 예방 및 운동요법에 대한 이론과 요즘 각광받는 골프 · 스키 · 볼링 등의 레저스포츠 분야로 나눠 체육학을 전공하는 학생들 및 일반인들이 관심 있는 부분까지 총망라!!
신국판 / 340쪽 / 10,000원

퍼펙트 MBA
IAE유학네트 지음

기존의 관련 도서들과는 달리 Top MBA로 가는 길을 상세하고 완벽하게 수록하였으며, 또 톱 비즈니스 스쿨 지원자들에게 있어 가장 큰 애로사항 가운데 하나인 에세이를 쉽게 작성할 수 있는 작성법과, 톱 비즈니스 스쿨에 합격한 학생들의 원문도 수록하여 톱 MBA를 꿈꾸는 지원자들에게 가장 완벽하고 충실한 최신의 정보를 제공해 줄 것이다.   신국판 / 400쪽 / 12,000원

유학길라잡이 I -미국편
IAE유학네트 지음

미국으로의 유학 · 연수준비생을 위한 알짜배기 최신정보서!! 미국의 교육제도 및 유학을 가기 위해서 준비해야 할 절차, 미국 현지 생활 정보, 최신 비자정보 등을 한 눈에 볼 수 있는 유학길잡이. 4 · 6배판 / 372쪽 / 13,900원

유학길라잡이 II - 4개국편
IAE유학네트 지음

영어권 국가로의 유학 · 연수준비생을 위한 알짜배기 최신정보 수록!! 영국 · 캐나다 · 호주 · 뉴질랜드의 현지 정보 · 교육제도 및 각 국가별 학교의 특화된 교육내용 완전 수록!!
4 · 6배판 / 348쪽 / 13,900원

조기유학길라잡이.com
IAE유학네트 지음

영어권으로 나이 어린 자녀를 유학보내기 위해 준비중인 학부모 및 준비생들이 반드시 읽어야 할 필독서!!
영어권 나라의 교육제도 및 학교별 데이터를 완벽하게 수록하여 유학정보서의 질을 한 단계 상승시킨 결정판!!
4 · 6배판 / 428쪽 / 15,000원

한자 (김경익)

주 식

개미군단 대박맞이 주식투자
홍성걸 (한양증권 투자분석팀 팀장) 지음

초보에서 인터넷을 활용한 주식투자까지 필자의 현장에서의 경험을 바탕으로 한 주식 성공전략의 모든 정보 수록.
신국판 / 310쪽 / 9,500원

미국·일본·한국시장의 정공법@주식투자분석
이길영 외 2명 공저

일본과 미국의 주식시장을 철저한 분석과 데이터화를 통해 한국 주식시장의 투자의 흐름을 파악함으로써 한국 주식시장에서의 확실한 성공전략 제시!!
신국판 / 384쪽 / 11,500원

항상 당하기만 하는 개미들의 매도·매수타이밍 999% 적중 노하우
강경무 지음

승부사를 꿈꾸며 와신상담하는 모든 이들에게 희망의 등불이 될 것을 확신하는 Jusicman이 주식시장에서 돈벌고 성공할 수 있는 비결 전격공개!!
신국판 / 336쪽 / 12,000원

부자 만들기 주식성공클리닉
이창희 지음

주식투자에 성공하기 위해서는 자신만의 투자철학을 가지고 적기투자를 해야만 한다. 저자의 경험담을 섞어서 주식이란 무엇인가를 풀어서 써놓은 주식입문서. 초보자와 자신을 성찰해 볼 기회를 가지려는 기존의 투자자를 위해 태어났다.
신국판 / 372쪽 / 11,500원

선물·옵션 이론과 실전매매
이창희 지음

철저한 정글의 법칙이 적용되는 선물과 옵션시장에서 일반인들이 실패하는 원인을 분석하고, 반드시 지켜야 할 투자원칙에 따라 유형별로 실전 매매 테크닉을 터득함으로써 투자를 성공적으로 할 수 있게 한 지침서!!
실패를 딛고 일어선 저자의 생생한 실전 노하우를 수록.
신국판 / 372쪽 / 12,000원

주가차트 (홍성무)

역 학

역리종합 만세력
정도명 편저

피흉취길해 나갈 수 있는 생활의 지침서!!
현존하는 만세력 중 최장 기간을 수록하였으며 누구나 이 책을 보고 자신의 사주를 쉽게 찾아보고 맞춰 볼 수 있게 하였다.
신국판 / 532쪽 / 10,500원

작명대전
정보국 지음

좋은 이름 짓는 원리를 체계적으로 공식화한 "쉽게 짓는 작명법"으로 독자들 스스로 작명할 수 있도록 한글 소리 발음에 입각한 작명의 원리를 밝힌 길라잡이이다.
저자와 1:1 운세 상담 전화
휴대폰도 지역번호없이 **0600-0116**
신국판 / 460쪽 / 12,000원

하락이수 해설
이천교 편저

점서학인 하락이수를 직역으로 풀어 놓아 원작자의 깊은 뜻을 원형 그대로 전달하고 원문을 공부하려는 사람들에게 도움이 되는 해설서이다.　신국판 / 620쪽 / 27,000원

현대인의 창조적 관상과 수상
백운산 지음

관상에는 그 사람의 평생 운명이 담겨져 있다. 관상을 보면 그 사람의 성격 및 운세, 미래의 성공 여부도 예측할 수 있다. 관상학을 터득하여 적절히 운명에 대처해 나감으로써 어느 분야에서든지 성공적인 삶을 누릴 수 있는 비법을 전해줄 것이다.　신국판 / 344쪽 / 9,000원

대운용신영부적
정재원 지음

운명을 새롭게 변화시켜주는 신비의 영부적!!
수많은 역사와 신비로운 영험을 지닌 1,000여 종의 부적과 저자가 수십 년간 연구·개발한 200여 종의 부적들을 집대성한 국내 최대의 영부적이다.　신국판 양장본 / 750쪽 / 39,000원

사주비결활용법
이세진 지음

컴퓨터와 역학의 만남!! 왕초보자도 한글만 알면 신녹현사주 방정식을 실전에 응용할 수 있다. 운명의 숨겨진 비밀을 꿰뚫어 보는 신녹현사주 방정식의 모든 것을 수록하였다.
신국판 / 392쪽 / 12,000원

컴퓨터세대를 위한 新 성명학대전
박용찬 지음

이름 속에 운명을 바꾸는 비결이 있다. 태어난 아기 이름은 물론 개명·상호·아호 짓는 법까지 사람이 살아가면서 필요한 모든 이름 짓기가 총망라되어 각자의 개성과 사주에 맞게 이름을 지음으로써 본인의 삶에 이름값을 할 수 있도록 누구나 쉽게 짓는 작명비법을 수록하였다.　신국판 / 388쪽 / 11,000원

길흉화복 꿈풀이 비법
백운산 지음

김일성 사망과 올림픽 유치, 월드컵 공동 개최를 예언하는 등 국내의 큰 예언을 꿈풀이를 통해서 정확히 맞춰온, 30년이 넘는 세월을 역학에 몸담으면서 터득한 꿈과 관련된 해몽들이 상세하게 수록되어 있고 길몽과 흉몽을 구분하여 그림과 함께 보기 쉽게 엮었으며, 특히 요즘 신세대 엄마들에게 관심이 많은 태몽이 여러 가지로 자세하게 풀이되어 있다.
신국판 / 410쪽 / 12,000원

새천년 작명컨설팅
정재원 지음

오랜 세월 철학원을 운영한 저자의 경험을 바탕으로 일반인들도 '참 쉽다' 라는 표현이 저절로 나올 수 있도록 쓰여졌다. 독학으로 풍수지리학, 사주추명학 및 성명학을 섭렵한 저자의 경험을 되살려, 혼자 배워야 하는 독자들도 정말 이해하기 쉽도

록 구성된 신세대 부모를 위한 쉽고 좋은 아기 이름만들기의 결정판이다. 더불어 개명 · 상호명 · 회사명 · 상품명까지 체계적으로 원리화하여 손쉽게 지을 수 있는 작명비법을 제시한다.
신국판 / 470쪽 / 13,000원

백운산의 신세대 궁합
백운산 지음

인간의 운명을 예언하는 역리학의 대가이며, 매스컴을 통하여 잘 알려진 백운산 선생이 남녀궁합 보는 법뿐만 아니라 인간관계, 출세, 재물, 자손문제, 건강문제, 성격, 길흉관계 등을 미리 규명할 수 있도록 쉽게 풀어놓았다.
신국판 / 304쪽 / 9,500원

동자삼 작명학
남시모 지음

한글 성명만으로 사람의 운세를 예측할 수 있다. 최초의 한글 성명학으로 한글의 독창성 · 우수성 · 과학성을 운명철학 차원에서 검증한, 한국사람에게 알맞은 건물명 · 상호 · 물건명 등의 이름을 자신에게 맞는 한글이름으로 지을 수 있는 작명비법을 제시한다. 신국판 / 496쪽 / 15,000원

구성학의 기초
문길여 지음

좋지 않은 운(運)을 길운(吉運)으로 바꾸어 운명을 새롭게 변화시키는 방위학의 모든 것을 통하여 개인의 일생운 · 결혼운 · 사고운 · 가정운 · 부부운 · 자식운 · 출세운을 성공적으로 이끄는 비법 공개. 신국판 / 412쪽 / 12,000원

찰 테크닉을 경매 전문 변호사가 명쾌하게 해설한 실전 경매 완벽 가이드서. 신국판 / 364쪽 / 11,000원

혼자서 쉽고 빠르게 할 수 있는 소액재판
김재용 · 김종철 공저

소액재판 · 지급명령 · 민사조정제도는 변호사의 도움 없이도 나 혼자서 간단하고 빠르게 해결할 수 있는 법정분쟁해결방법이다. 나홀로 소액재판을 할 수 있도록 소장작성에서 판결까지의 실제 재판과정을 상세하게 수록하여 이 책 한 권이면 모든 것을 완벽하게 해결할 수 있다. 신국판 / 312쪽 / 9,500원

"술 한 잔 사겠다"는 말에서 찾아보는 채권 · 채무
변환철 지음

현대인들의 삶은 채권 · 채무라는 법률영역으로부터 벗어나서 살 수 없기 때문에 채권 · 채무 관련 분쟁이 끊임없이 발생하고 있다. 이러한 사실에 착안하여 전문 변호사가 속시원하게 구수한 문장력으로 해설해주는 일반인들이 꼭 알아야 할 채권 · 채무에 관한 법률 사항을 빠짐없이 수록했다.
신국판 / 408쪽 / 13,000원

알기쉬운 부동산 세무 길라잡이
이건우 지음

부동산을 사거나 팔 경우, 상속을 받을 경우, 또는 부동산을 소유하고 있을 경우에 세금을 내야 한다는 사실을 모르는 사람은 없을 것이다. 이 책에서는 부동산에 관련된 모든 세금을 알기 쉽게 단계별로 해설하고 있다. 합리적이고 탈세가 아닌 적법한 절세법 제시. 신국판 / 400쪽 / 13,000원

법률 일반

여성을 위한 성범죄 법률상식
조명원(변호사) 지음

성희롱에서 성폭력범죄까지 여성이었기 때문에 특히 말 못하고 당해야만 했던 이 땅의 여성들을 위한 성범죄 법률상식서. 사례별 법적 대응방법 제시. 신국판 / 248쪽 / 8,000원

아파트 난방비 75% 절감방법
고영근 지음

예비역 공군소장이 잘못 부과된 아파트 난방비를 최고 75%까지 줄일 수 있는 방법을 구체적인 법적 근거를 토대로 작성한 아파트 난방비 절감방법 제시. 신국판 / 238쪽 / 8,000원

일반인이 꼭 알아야 할 절세전략 173선
최성호(공인회계사) 지음

세법을 제대로 알면 돈이 보인다.
현직 공인중계사가 알려주는 합법적으로 세금을 덜 내고 돈을 버는 절세전략의 모든 것!
신국판 / 392쪽 / 12,000원

변호사와 함께하는 부동산 경매 닷컴
최환주(변호사) 지음
경매재테크의 성공을 위한 입찰준비에서 낙찰까지의 경매 입

생활법률

부동산 생활법률의 기본지식
대한법률연구회 지음 · 김원중 감수

부동산관련 기초지식과 분쟁해결을 위한 노하우, 테크닉을 제시하고 권두 특집으로 주택건설종합계획과 부동산 관련 정부 주요 시책을 소개하였다. 신국판 / 480쪽 / 12,000원

고소장 · 내용증명 생활법률의 기본지식
하태웅 지음

독자들이 고소 · 고발의 법적 의미를 정확히 이해하고 스스로 고소 · 고발장을 작성할 수 있도록 예문과 서식을 함께 소개하여 문제 해결에 대응할 수 있도록 하였다. 또 민사소송에 대해서도 자세하게 설명하였으며 부록에는 형법과 형사소송법의 원문을 게재하여 법전 역할까지 할 수 있도록 하였다.
신국판 / 440쪽 / 12,000원

노동 관련 생활법률의 기본지식
남동희 지음

인터넷 노무 상담실을 운영하며 4만여 건 이상의 무료 상담을 계속하고 있는 저자의 상담 사례를 통해 문답식으로 속시원하게 풀어나가는 노동 관련 생활법률 해설의 최신 결정판이다. 아울러 취업규칙 · 단체협약 · 고용보험 관련 여러 가지 서류 및 직장 내 성희롱 예방 지도 지침 등과 같은 노동 관련 양식도 곁들였다. 신국판 / 528쪽 / 14,000원

외국인 근로자 생활법률의 기본지식
남동희 지음

외국인 연수협력단의 자문위원으로 오랜 시간 실무를 접했던 저자의 경험을 바탕으로 외국인 근로자의 체류자격 및 취업자격 등 법적 문제와 법률적 지위를 상세하게 다루었다.
신국판 / 400쪽 / 12,000원

계약작성 생활법률의 기본지식
이상도 지음

법을 전공하지 않은 사람이라도 국민생활과 직결된 계약법의 기초를 이루는 핵심 기본지식을 체계적으로 쉽게 이해할 수 있도록 했으며, 간단명료한 해설과 더불어 이와 관련된 계약서 작성 예문을 상세하게 예시함으로써 실제 상황에 활용가능하게 하였다. 신국판 / 560쪽 / 14,500원

지적재산 생활법률의 기본지식
이상도 · 조의제 공저

현대 산업사회에서 중요시되고 있는 특허, 실용신안, 의장, 상표, 저작권, 컴퓨터프로그램저작권 등 지적재산의 모든 것을 체계화하여 한 권으로 요약하였다. 아울러 지적재산 전체를 통틀어 다루되 상호 연관적으로 해설하여 실무에 직접 활용할 수 있도록 하였다. 신국판 / 496쪽 / 14,000원

부당노동행위와 부당해고 생활법률의 기본지식
박영수 지음

노사관계 이슈 중에서 주요 핵심사항인 부당노동행위와 정리해고 · 징계해고를 중심으로 간단 명료한 해설과 더불어 대법원 판례, 노동위원회에 의한 구제절차, 소송절차 및 노동부 업무처리지침을 소개하여 실질적인 도움이 되도록 하였다.
신국판 / 432쪽 / 14,000원

주택 · 상가임대차 생활법률의 기본지식
김운용 지음

전세업자들이 보증금 반환소송이나 민사소송, 경매절차까지의 모든 기본적인 흐름을 알 수 있도록 인터넷을 통한 실제 법률 상담을 전격 수록하였다. 이 책을 통하여 사전 분쟁을 막고 많은 시간과 비용 및 정신적 고통까지 당하는 소송이나 강제집행의 단계에 이르지 않고 문제 해결을 할 수 있도록 하였다.
신국판 / 480쪽 / 14,000원

하도급거래 생활법률의 기본지식
김진홍 지음

경제적 약자인 하도급업자를 위하여 하도급거래 관련 필수적인 법률사안들을 쉽게 해설함과 동시에 실무에 필요한 12가지 하도급표준계약서를 소개하여 공정한 하도급거래의 법률자문 역할을 할 수 있도록 하였다.
신국판 / 440쪽 / 14,000원

이혼소송과 재산분할 생활법률의 기본지식
박동섭 지음

이혼과 관련하여 해결해야 할 법률문제들을 저자의 실무경험을 바탕으로 명쾌하게 해설하였다. 아울러 약혼이나 사실혼파기로 인한 위자료문제도 함께 다루어 가정문제로 고민하는 사람들에게 길잡이가 되도록 하였다.
신국판 / 460쪽 / 14,000원

부동산등기 생활법률의 기본지식
정상태 지음

등기를 하지 않으면 어떤 위험이 따르고, 등기를 하면 어떤 효력이 생기는가! 등기신청은 어떻게 하며, 필요한 서류는 무엇이고, 등기종류에는 어떤 것들이 있는가 등 부동산등기 전반에 걸쳐 일반인이 꼭 알아야 할 법률상식을 간추려 간단, 명료하게 해설하였다. 신국판 / 456쪽 / 14,000원

기업경영 생활법률의 기본지식
안동섭 지음

사업을 구상하고 있는 사람이나 현재 경영하고 있는 사람 및 관리실무자에게 필요한 법률을 체계적으로 알려줌으로써 성공적인 기업 경영자의 비전을 제시해준다. 또한 관련 법률서식과 서식작성 예문도 함께 소개하였다. 신국판 / 466쪽 / 14,000원

교통사고 생활법률의 기본지식
박정무 · 전병찬 공저

교통사고 관련 법률문제를 몰라 당황한 나머지 억울하게 피해를 보는 사람들이 많은 점을 고려하여 사고당사자가 쉽게 응용할 수 있도록 단계별 해결책을 제시함과 동시에 사고유형별 Q&A를 통하여 상세한 법률자문 역할을 하였다.
신국판 / 480쪽 / 14,000원

소송서식 생활법률의 기본지식
김대환 지음

일상생활과 밀접한 소송서식을 중심으로 소장작성부터 판결을 받을 때까지 그 절차마다 법원에 제출하는 순위에 따라 그 서식작성요령을 서식마다 항목별로 자세하게 설명하였다. 실제 "소장 작성례"를 예시하고 주요 항목마다 번호를 붙여 그에 따른 작성요령을 소장말미에 기재함으로써 독자 스스로 소송을 하는 데 실질적인 도움이 되도록 하였다.
신국판 / 480쪽 / 14,000원

호적 · 가사소송 생활법률의 기본지식
정주수 지음

모든 국민은 호적신고에 따라 그 신분관계의 발생 · 변경 · 소멸의 효력이 발생한다. 이 책은 개명, 성 · 본 창설, 취적절차 및 법원의 허가 및 판결에 의한 호적정정절차, 친권 · 후견절차, 실종선고 · 부재선고절차에 이르기까지 상세한 해설과 함께 신고서식 작성요령과 구비할 서류 및 재판절차에 대하여 자세히 설명하였다. 신국판 / 516쪽 / 14,000원

상속과 세금 생활법률의 기본지식
박동섭 지음

지금 우리 주위에 상속을 둘러싸고 형제간, 부모자식간에 다툼이 갈등이 있는 경우를 심심치 않게 본다. 이럴 때 상속재산분할, 상속회복청구, 유류분반환청구, 상속세부과처분취소 등 상속관련 사건들을 해결하는데 도움이 되도록 상속법과 상속세법을 상세하게 함께 수록.
신국판 / 480쪽 / 14,000원

느린 비즈니스로 돌아가라

2002년 3월 5일 제1판 1쇄 인쇄
2002년 3월 15일 제1판 1쇄 발행

지은이/사카모토 게이이치
옮긴이/정성호
펴낸이/강선희
펴낸곳/가림출판사
기획위원/강경무 · 김충호 · 석종복 · 이창석 · 지창영
기획 · 편집/장연수 · 이선희 · 김진호 · 손일호 · 홍경숙 · 이정아
홍보/한국종
마케팅/강명희 · 김진욱

등록/1992. 10. 6. 제4-191호
주소/서울시 광진구 구의동 57-71 부원빌딩 4층
대표전화/458-6451   팩스/458-6450
홈페이지 http://www.galim.co.kr
e-mail galim@galim.co.kr

값 9,000원

© GALIM, 2002

ISBN 89-7895-105-8 13320